U0040975

就這樣正好

內觀修行故事集

內觀舊生　著

編者序

最初動念編這本書，約在二十年前，一次十日課的慈悲日。

那天剛解除禁語，原本寂靜的中心四處歡聲笑語，個個都在認真傾訴或聆聽修行心路歷程及領悟。如果把這些「內觀故事」集結成書，應有助舊生持續精進，也能鼓勵更多人來體驗「新生」吧？

然而構想了一番，卻未能順利付諸執行。

過了十年，又有人做好相關企劃，那是結合語音影像的周全大計，希望盡量為內觀在台發展的軌跡留下一手資料。但是，內觀中心一貫作風嚴謹、崇尚無我，舊生們多低調謙讓、避談自己，以致這回仍「因緣不俱足」。

轉眼又過十年、到了去年 (2023) 春天，有一次和幾位舊生拜訪明迦法師 (葛印卡任命的台灣第一位內觀老師)，法師聊到正讀完一位比丘的修行自傳，覺得很好看，也頗有啟發，回想內觀弘傳來台三十年了，有那麼多令人敬佩的內觀修行者，怎麼卻沒一本舊生故事書能分享大眾呢？

此問立即引發熱情討論，過往的兩回嘗試也再被提起。當場有人突然感慨：若再等十年，能敘說早期故事的舊生不會更少嗎？

本書就是在這般背景下出發的。

我們廣發徵稿啟事，並主動向資深舊生、前輩老師邀稿，但他們仍多辭謝，也有些基於謹慎，顧慮淺述可能讓人誤以為內觀法不過爾爾，言深卻又恐談論個別體證，無益他人禪修且徒增困擾。所以，最後延長了兩倍時間，才終於集稿完成。

　　本書集稿作業，若非承蒙許多舊生幫忙，特別是蕭集智老師、劉真老師、穆麗娟老師的鼓勵相助，這回只怕又是「不可能的任務」。在此特別致謝。

　　至於本書內容、編輯及發行，完全無關內觀基金會，也未經任何內觀老師審查，若有任何錯謬都是編者的疏失，敬請大家不吝指正 (red0919@gmail.com)；若您也樂於分享故事，可惜錯過這回徵稿，那麼，歡迎以上述信箱繼續投稿，以便來日進一步增修。

　　本書好比內觀禪修者的旅行隨筆，但留心避免講述所謂禪相，也無意教授任何禪法，惟願您讀了感到有趣，並對修行心嚮往之。

　　正如葛印卡老師在十日課中提到，佛陀對一位年輕求道者的開示──**只有自己從頭到尾走完全程的那些人，才能抵達王舍城。**──如果您想了解內觀，光看旅行隨筆可不行，歡迎親自上路吧！

全球內觀中心　　台灣內觀中心

目　錄

法　味

雲　遊

翻　轉

起初

內觀傳入台灣之初，憑靠舊生
們克服萬難才建立基礎，
而後開展到大陸等華文地區，
早期同樣歷盡千辛。

這漫漫來時路上的吉光片羽，
依稀在資深舊生的故事裡
熠熠生輝。

人生最大的幸福

釋明迦

說到第一次上內觀課的故事，我自己都覺得有點好笑。那是 1995 年 8 月，幾位熱心的內觀舊生借用高雄古嚴寺舉辦的、台灣第二次內觀十日課。第一次舉辦於當年 7 月，在中壢圓光佛學院。

台灣內觀禪修基金會到 1998 年才成立，自此開始有固定的上課地點——台中新社、向一對舊生夫婦租用的別墅莊園，之前都採「打游擊式」，借得到哪裡的場地就在哪裡辦一期。

我在 7 月初就知道開課消息，但到底參不參加，始終猶豫不決。

想參加是因為，當時我擔任嘉義香光寺住持，曾聽好友林崇安教授、鄭振煌教授等善知識大力推薦，於是派我們佛學院副院長及幾位學生去參加了第一次十日課，她們回來做分享報告，對這課程都歡喜讚嘆，讓我也想親身一探究竟。但我又不大想參加，因為我想我是漢傳正統傳承的僧侶，又是寺院住持，而領導內觀課的葛印卡先生是在家人（白衣），我們教戒中有所謂「不得白衣上座法師下座、聽白衣說法」，

我去參加在家人主持的禪修課，不會有失體統、有點怪怪的嗎？

再者，那畢竟是以在家人為對象的「居士禪」。當時居士禪在台灣社會正蔚為時尚風潮，各路禪師頭角崢嶸，葛印卡先生稍早受邀來台，在台北火車站辦了一場盛大的演講會，我聽他講得雖然很不錯，但那只是針對大眾的基礎佛法，所以，我想他可能是另一位「居士禪明星」，不過是從印度遠道而來罷了，有必要跟世俗大眾去湊這熱鬧嗎？

但是，林崇安教授一再跟我說，這位葛印卡老師不一樣，鼓勵我千萬不要錯過機會。

就這樣，我三心二意、反覆斟酌，到開課前一天晚上才決定打電話。但古嚴寺那邊說，很抱歉，已經額滿了。

這下讓我不禁焦急懊悔起來。對方可能感受到我惋惜的心情，於是問了我是誰、從何得知此課程？一聊之下，決定排除萬難，特別幫我安插一個座位，因此，我得到了第一次參加十日課的機會。

紀律、效率與清淨讓我嘆為觀止

記得課程期間天氣非常炎熱，雖然禪堂設在古嚴寺的圖書館，有冷氣，但我還是每天汗濕兩三套衣服，甚至流出有異味的褐色汗水。課程間傳授的觀息與內觀技法，對已出家約

二十年的我而言，都不陌生也沒有困難，與其說我那次是去上禪修課，不如說我其實只是抱著「參加一個修行活動」的心情，去「考察人家怎麼帶內觀課」的。

結果，第一次課程就讓我受到很大的震撼。

帶領課程的是葛印卡指派的助理老師，一位外籍居士，記得好像名叫「Porland」的一位先生。他每天默然陪學員靜坐，播放葛印卡課間技法指導與每晚開示的中文翻譯錄音卡帶，只在請益和進度檢查時間回答學員提問，但以方法實修問題為限，避免哲學理論、宗教是非之類的探討。

雖然學員很多，服務法工寥寥無幾，空間又極其有限，使用浴室要照分配班表、用餐打菜要排隊，庭院的男女學員散步分區也只拉一條紅色塑膠繩為界，然而，課程間每日生活作息都依規定進行得井然有序，所有人也都謹守禁語戒律，全程寂靜無聲。這樣的紀律、效率與清淨，讓我這長年生活在寺院的出家人也嘆為觀止！

卸下面子包袱、走出角色格局

特別是，葛印卡本人嚴守居士份際，他說他並非出家人，所以不收徒弟、不蓋道場、不接受十方供養，所有助理老師也都只是單純服務奉獻；並且，全世界內觀中心專為辦課程而設，只接受了解課程的舊生為護持課程而捐款，新生及其他人僅只聽說這課程好而想資助的捐款，中心是明文規定拒

絕的，老師、助理老師、法工也不得以中心為私人居所。

整個課程期間我不斷在反省檢討，為何人家一個在家居士能把禪修課規劃得這麼如法又這麼細緻周詳、還能將佛法弘傳到全世界？而我們台灣一般佛寺活動為何偏向熱鬧流俗，即使打禪七佛七、八關齋戒也沒這等莊嚴肅穆？

課程期間所有學員都被要求遵守「五戒」，但不拿香、不誦經、連佛像都用布幔遮蔽，捨去所有宗教符號、儀式，即便是資深僧侶，凡第一次參加課程的，一律被當「新生」對待。這幫助我立刻卸下面子包袱，走出角色格局，心開意解，法喜充滿。

我知道我找到了

課程結束後，我對葛印卡的內觀課心服口服。課後不久我因疼痛就醫，發現體內有不明硬塊，隨即接受手術，取出硬塊後確認那並無惡性時，我還想，會不會是十日課上排出的大量臭汗減輕了病情？可見我對這課程的心情已與去上課前幡然不同。

我甚且發願盡力協助推廣課程。首先，邀請印度總部派助理老師來香光寺為我們的出家眾辦十日課。之後，香光寺也趁葛印卡第二次台灣行，邀請他到嘉義師專大禮堂演講，還到香光寺跟來參加我們兒童營的小朋友說話。雖然他講英語、需要透過翻譯，但孩子們都聚精會神，還記得那是個黃

昏，突然有一群燕子飛進來聚集在大殿上方，讓我們不禁歡喜讚嘆，葛印卡談笑間自然散發的「攝受力」真是不可思議！

我們學佛人講求「信、解、行、證」，但由於台灣大乘佛教向來偏重結緣渡眾，以至於出家人大多像一頭栽進弘法「事業」般，天天忙於助念、心理輔導、社福救濟、家庭普照……等等寺務，勞碌程度恐怕不輸在家人，再加上必須例行種種儀式，所剩清修時間實在非常稀少。為突破「信解有餘」而「行證不足」的障礙，出家幾年後，我開始認真修學密宗，也大量研讀南傳小乘僧侶的教示，並練習過好幾種不同的禪法，但似乎都不完全相應相契，內心還是虛虛的，隱約仍在尋尋覓覓。

然而，遇到葛印卡內觀法之後，我知道我找到了，自此便把其它方法都放下了。

成為第一位港台區域老師

佛家法門八萬四千都以根本解脫、離苦得樂為目標，並無所謂高下好壞，但因人人根器不同、業力有別，各自受用的法門自然也有差異。舉例來說，有些禪法非常強調認證「禪相」、「定境」，我自忖貪念妄想未斷，用這方法未能完全免於著相之虞；而密法大多著重於「觀想」、「咒印」，修到後來我自己也不能確定某些境界是虛是實。相對於上述那些方法，葛印卡傳揚的內觀法對利根不足的我來說，是最純粹樸素、也最安全穩實的。

我想，也許我和葛印卡老師有甚深因緣，體驗過課程後，我就相信必須是有真修實證者才能設計規劃出如此圓滿的課程，對老師的智慧慈悲充滿敬意；葛印卡老師也安排我跳過二十日、四十五日課程，直接到印度上三十日、六十日長課程，這作法打破規矩，總部曾有些不同的意見，但葛印卡老師認為，港台地區亟需自己當地的老師，這樣對學員幫助更大，他相信課程講授的法理我早已駕輕就熟，只是需要再多了解一下課程運作模式而已，在我覺得自己需要精進的地方還很多的時候，他就任命我上法座帶課，成為第一位港台區域老師。我自知能力不足，但為不辜負老師期許，只能勉力前行。

十年後，我因健康因素請辭，加上內觀課開始傳進中國大陸，區域老師的工作加重，老師改派李懷光、俞燕、蕭集智三位老師一起擔任華語區區域老師。

高明的管理之道與細心周到的服務

我特別難忘 1997 年去印度孟買參加內觀大佛塔動土典禮。

在台灣佛教界辦這樣的典禮，多少都會洋溢喜慶氣氛，貴賓雲集，大家相互寒暄恭維也屬人情之常，但葛印卡和他帶領的法工團隊，以及所有來自世界各地的內觀禪修者，共同完成一個別開生面的非凡典禮，讓我每次回想起來，內心仍然深深感動。

當天抵達現場時，已有上萬人端身靜坐著等候典禮開始，氣氛沉靜且神聖。進入會場時，有法工提醒我脫鞋，這讓我躊躇了一下。我想會場那麼大、人那麼多，等一下要找鞋肯定很傷腦筋，但我又沒袋子可裝鞋隨身拎著，而且典禮馬上就要開始了。法工覺察到我的為難，便接過我的鞋，同時迅速指引我到已安排好的座位上。

由於南傳佛教出家人持「過午不食」戒，典禮進行到 11 點時，出家眾都被請到餐廳先行用餐。這時想起得穿鞋了，我開始煩惱不知上哪找鞋，但沒辦法，只能硬著頭皮隨隊伍離開會場，向餐廳的方向移動。

不料到會場出口，那帶位的法工已拎著鞋在那裡靜靜等候我。我順利穿上鞋到餐廳享用午餐，等僧侶用完餐，才輪到大眾按部就班排隊用餐，一切進行得自然流暢，還有寂靜安詳的美感。

這真是讓我太驚嘆了！人家怎能有這麼高明的管理之道，把上萬人的活動辦得這麼好？又是怎樣的實修，才能讓那位法工展現這麼慈悲平穩又細心周到的服務？

一般佛寺出家眾就平日生活作務來說，久而久之大概形成所謂「學問僧」、「老修僧」、「辦事僧」三路，不知不覺「畫地自限」，彼此無法兼備，但我看到葛印卡訓練出來的老師和學生，多數既有學問又勤實修，而且個個是執行力很強的辦事高手，這讓我對內觀的「法益」不得不由衷敬仰。

不涉及宗教卻比一般宗教清淨莊嚴

其實教內觀的老師很多，只要是基於四念住的內觀法，內容都大同小異，明顯差別往往只在修行團體流露的氛圍。我覺得最欣賞也最適合我的是葛印卡的內觀中心。

比方說，馬哈希那禪修系統也很好，但他們不忌葷食，又不承認比丘尼，我須捨戒才能參加他們的禪修，基本上就不能自在。

葛印卡全球內觀中心都採素食，戒律清淨、嚴男女之防，對出家眾相當尊重。例如為避免我們犯前面提到的白衣相關戒律，課程前，帶課老師必先頂禮學員中的出家眾，課程間出家眾也不混坐於一般學員中，特別另坐一區，座位高度與老師法座齊平；而且用餐時，會禮讓出家眾先行取食，並事先詢問是否持受食戒律、不能自行取餐……，處處可見用心細密。

葛印卡內觀課程嚴格「結界」，每次開課前也會播放葛印卡的老師烏巴慶長者唱誦的「二十四緣發趣論」來為課程環境「灑淨」，雖不涉及宗教，卻比一般世俗宗教更加清淨莊嚴，但只因為葛印卡不是出家人，台灣佛教界一開始仍難免對他來台弘法有些爭議。

葛印卡老師其實非常尊重三寶，來台之初就先一一參拜佛教界長老耆宿，無奈有些竟直接拒絕接見。我不只自身投入

修內觀，多次遠赴印度、美國參加長課程、並擔任課程老師，還在寺院裡專為出家眾辦課程，許多教界人士頗不以為然，我的師父裡面除了懺公（懺雲老和尚）、紗境長老外，也都不大贊同。

然而，經過這麼多年，不募款、不廣告、不收費的葛印卡內觀課程，在台灣及全世界都繼續蓬勃開展，尤其是對年輕世代尋道者有相當的號召力，我想正法種子生生不息蔚然成林的現象已說明了一切，毋須多言。

打破死板固執的框架

若要用簡單一句話說內觀法對我如何受用，我想，那就是幫助原本死板固執的我打破框架，能進一步如實面對自己，日常生活自然變得更寬坦輕安；還有在帶課程的過程間，有機會深入聆聽、感受種種學員的種種痛苦煩惱，也自然增長了慈悲心。

近年我飽受疾病折磨，也是因為有內觀法的保護，才能安度一次又一次貪瞋病毒的風暴，「觀業現前，其心安住，念無散動，尋伺寂靜」。如果健康狀況允許，我很希望能再去上長課程。回想過去幾次上六十天閉關長課程的經驗，我實在覺得，一年若能放下萬緣去坐一次長課程，真是人生最大的幸福。

葛印卡老師來不及完成九十天課程的錄音就圓寂了，這相

當可惜。感恩老師一生對法的奉獻，祈願更多人能走上正法的道路，享受到這人生最大的幸福。

編按：

本文作者明迦法師已於 2024 年 1 月 21 日清晨圓寂。法師在世最後時期，仍竭盡心力為弘揚內觀法做長遠規劃，此書出版即承蒙法師在 2023 年初的鼓勵與指導，本文也是此次集稿所收到的第一篇文章。特此說明以紀念、致敬。

靈修心願與法的呼喚

蕭集智

大學畢業服完兵役後，投入職業生涯將近三十年時，職業倦怠感油然而生。內心隱約有個聲音在呼喚我，要把握有生之年去追求靈修生活。

1995 年 3 月某個晚上，在福州的寓所撥通台灣家裡的電話。我告訴太太克端，突然很想退休，以後可以多在家陪她。她聽了很高興，於是我就向老闆提出退休申請，四月一日便正式退休，時年五十二歲。

驟然在家過著無所事事的生活，沒多久新鮮感消退了，也不知如何啟動靈修生活，再加上少了一份優渥收入，家人的不安全感與日俱增。賦閒六個月後，我再度接受另一家企業的邀請，出任高階管理職位，繼續朝九晚五的生活。但兩年後，1997 年 8 月 31 日，我再度斷然地終止了工作。

參加大佛塔奠基活動並上了第一次課

那一年 5 月，克端參加了一期在福隆聖山寺舉辦的內觀課程。這是她的第一次內觀課程。她說課程中備極辛苦，但很有收穫。同年 9 月，內觀有一場四念住課程在五股工業區的

聞香講堂舉辦，邀請來自內觀印度總部的老師蒞臨指導，課程需要一位翻譯。課程的組織者在遍找不到合適的翻譯時，詢問這位印度老師可否接受一位只上過一次內觀，但未上過四念住課程的克端來當翻譯，老師欣然同意。據老師和學員課後的反應，克端身兼事務長和翻譯表現得稱職得體。我那時剛退休在家，故課程結束開車去接她。她介紹老師給我，我旋即邀請老師到我家作客過一夜，好讓我能好好請教他有關靈修的問題。

這位印度老師非常年輕，才三十多歲，是葛印卡老師的秘書，名叫 Dhananjay Chavan，一位精神科醫生。經他詳細的向我介紹內觀的理論依據和實際的修行成果後，我表示決定參加年底在台灣舉辦的另一場內觀課程。他則說：不用等到年底，就在下個月（十月）底，印度孟買有一場內觀的大集會，是葛印卡老師主持的「全球大佛塔」奠基儀式，屆時有來自世界各地的內觀舊生和緬甸的高僧大德雲集，台灣也有大約四十名舊生前往與會。奠基典禮在 10 月 25 日，葛印卡老師會在 10 月 27 日於「法崗內觀中心 Dhamma Giri」親自指導一期十日課程。他建議我和克端前往參加典禮及上課。於是我們趕辦簽證和訂機票，如期參加了大佛塔的奠基活動，並在法崗中心完成了我第一次的內觀課程。

很久已不親自指導十日課程的葛印卡老師，確實於大佛塔奠基大典之後，在法崗的主場——第一禪堂親自帶領 Anapana 觀息法、Vipassana 內觀法和 Metta 慈心觀。

因人數太多，且與會者的語言紛雜，所以有些語種的學員就分配在其它禪堂進行上課。來自台灣、香港和新加坡的華人，大約有四十人，被分到第三禪堂，由李懷光和俞燕夫婦老師帶領。記憶中我是位還沒受習內觀而先參加內觀活動的唯一新生，故我的禪堂坐位就被安排在男眾最後的邊角。

起初幾天的腰酸背痛，和無法降伏的腿部麻木和疼痛，真是刻骨銘心的難熬。方法指導要我們做到的「不要睜開眼、不要鬆開腿和放開手」，一點都無法做到。心裡不時嘀咕：「值得花這麼貴的機票錢來此受罪嗎？」但又看到坐在前面的男女舊生，個個坐得紋風不動，有如一尊尊佛，心裡又出現了另一個聲音：「有為者亦若是也」。

謁見葛印卡老師請問職業業報

第七天晚上共修時，突然覺得又痛又麻的腿，變成了一根長長的電線桿，頂得緊緊的，只感到它的存在而沒有痛感，繼之一股清涼流通全身，疼痛感竟消失了。接下來的開示，我才第一次領會到法的殊勝。

開示一結束，我就衝到李老師座前向他頂禮並說：「開示太好了，但前幾天的開示內容我完全沒聽進，能有機會再聽嗎？」他答說，再來上課就能聽到。我又問，方法指導時，葛印卡老師說要觀察身上不同的感受，但我現在全身就只有一種類似電流的感受而沒有其它感受，怎麼辦？他笑答：「你全身都有微細的感受了？就這樣觀察下去吧！」

慈悲日，李老師安排我和克端（Norma）謁見葛印卡老師。我問老師：「我退休前是一家跨國農牧企業的高管，曾替老闆在台灣規劃並引進一套最先進的屠宰設備，一天兩班作業，可以處理六萬四千隻雞。我會有什麼樣的業報呢？」老師笑著答說：「很好，你現在已脫離了。」我又問：「但我還有很多同事在從事這樣非正命的工作，怎辦呢？」老師也笑著說：「別擔心，他們遲早會脫離的。」李懷光老師又介紹我們說：「George 和 Norma 都退休了，以後一定會花很多時間來服務內觀。」

　　是的，這次有機會參加葛印卡老師主持的大典和十日的禪修，可以說我是在他座下找到了我嚮往的靈修生活的門路。課程結束後，我們在法崗參加接著舉辦的全球內觀義工大會。之後，我們去印度北部 Jaipur 的 Dhamma Thali 中心再上了兩期十日課程，及一次的義工服務。

　　回到台灣幾乎沒有停歇的就加入服務的行列。1998 年 5 月參加台中新社中心的建設。自此，一期一期不停的服務及自修。2004 年開始踏足大陸，協助李懷光老師拓展大陸的內觀課程，偶爾也前往韓國、香港、馬來西亞、紐西蘭等地服務。

　　很慶幸我有福報可以回應「法的呼喚」，使我能過著靈修的生活。一年當中有九個月在中心服務（其中七個月在大陸，兩個月在台灣），兩個月在中心禪修，剩下的一個月在家也能如在中心一樣，過「守戒清淨的生活」。

　　時光荏苒，二十六年過去了，但不在乎老之將至。

我與內觀三十年因緣

張日亮

一九九四年十二月左右，聖功修女會的李純娟修女，給了我一套葛印卡老師所教導的「內觀禪十」英文開示的錄音帶，並告訴我自己閉關十天，每天聽一至兩遍當天的開示。

就這樣，我在嘉義縣中埔鄉的天主堂閉關，每天練習之前習得的日本禪，每一回合坐禪二十五分鐘，行禪五分鐘。每天練習三、四回合，然後，再聽當天內觀的開示。

閉關十天後，我對內觀產生了濃厚的興趣，便詢問李修女，哪裡有內觀十日課程。她說台灣還沒有，不過美國有。我當時已收到修會的派遣，晉鐸後要去巴西傳教四年。我心裡想，我可以跟修會申請，到時候先經過美國，上完內觀課程後，再去巴西報到。

過了半年多，我當時還在嘉義縣奮起湖天主堂做執事的實習。有一天我下到嘉義市吳鳳南路我們的會院，在餐廳報紙看到一個報導。內容是，印度的內觀老師葛印卡先生將來台演講，同時他來台後不久後，台灣將舉辦三期的內觀十日課程。於是，我去電聯絡，想確認英文錄音帶上的外文名字 S.

N. Goenka 與中文報紙所報導的葛印卡老師，是否為同一人。對方跟我說沒有錯，就是同一人，於是我就報名並參加 1995 年 8 月 6 日到 17 日，由來自英國的一對助理老師夫婦（Andy and Caroline Cottingham）所帶領的、在中壢圓光佛學院所舉辦的第一期內觀十日課程。當時參加的學員有兩百多位，男眾八十幾位，女眾一百多位。有不少的法工、事務長或助理事務長……等是外籍人士。就這樣，我正式學習到內觀法門。

隔年，當時的中央大學林崇安教授，告訴我葛印卡老師有意再度來台，並想與天主教的神父、修士、修女、教友座談，請我安排。於是我透過天主教會的組織，安排一個場次在台北，另外一個場次在高雄。不過，由於我去巴西的簽證已經下來，我修會的會長又催促我趕快去巴西報到。於是，還沒有等到葛印卡老師來台，1996 年 8 月我就去了巴西。

籌辦巴西內觀課程・印度朝聖之旅

到了巴西，隔年，1997 年，我從南部巴拉那州，坐了十幾個小時的巴士，到中北部的里約熱內盧參加中心外的內觀十日課程。內觀是在 1994 年引進巴西，當時一年只舉辦一次十日課程。我跟當時的帶課老師 Daniel Mayor 提到，可否考慮在巴西南部、我服務的地方辦理內觀課程，因為我希望我本堂的教友可以參加，而且要他們坐十幾個小時的巴士到里約參加課程，難度實在有一點高。

他跟我說，只要我籌備，他願意到南部帶課程。就這樣，一位美國籍的舊生給了一本英文的中心外課程辦理手冊，我回去仔細閱讀，看看到底需要那些條件，結果萬事具備只欠東風。服務課程的法工，必須是上過至少一次內觀課程的舊生。我服務的教堂有很多可以來服務的教友，不過他們都不是舊生。

於是，我又等了一年。1998 年，這次我邀請幾位神父、修女和教友和我一起，坐了十幾個小時的巴士到里約參加內觀課程。如此一來，雖然不是全部，不過至少有一些人願意來擔任課程的法工。我和助理老師 Daniel Mayor 連繫，敲定了他可以來帶課程的日期是在 1999 年 1 月，之後便開始進行各種籌備的工作，包括租借場地、對外廣告宣傳、設備的借用、採買、報名作業等等相關事宜。再加上有來自里約的舊生協助擔任法工，課程就這樣辦成了。

半年後，我又籌辦另一期課程，同時我跟里約的舊生提議，國外助理老師來一次，先後舉辦兩期課程，一期在里約，另一期在南部巴拉那。同樣要支付助理老師一筆機票費，只要事先讓老師知道，他們必須來一次帶兩期課程，問題應該不大。如此，可以讓更多的人來參加課程，而且是巴西中北部和南部分開舉辦。

就這樣，從 1999 年 7 月左右起，巴西開始每年有兩期課程，2000 年年初，我在南部籌辦第三期課程，也是循類似模

式，接著另一期在中北部的里約或是聖保羅舉辦。

擔任基金會會長・整合中心基地

2000 年 4 月，我結束了在巴西傳教工作，向修會申請返程可否路過印度，參加四念住及二十日的長課程。經修會許可，我踏上印度，先在總部參加四念住課程，然後在修會的靈修中心，參加第五次的十日課程，符合資格後，我報名二十日課程。

我利用中間空檔安排自助朝聖之旅（Dhammayatra），造訪佛陀一生四個重要地點：尼泊爾 Lumbini 佛陀出生地菩提伽耶、佛陀悟道解脫的地點 Varanasi 附近的鹿野苑、佛陀解脫後第一次給五個弟子開示講法的地點，以及佛陀圓寂的地點 Kushinagar。之後，去總部參加二十日課程，然後回台灣，而後持續每年參加一次十日課程。

過了幾年，有一次許添明老師找我說，他將卸任內觀禪修基金會董事長，並邀請我擔任董事。我說董事們都各有專長，而我沒有。老師說沒有關係，你只要在董事會坐鎮就可以。就這樣我擔任了會長。

課程圓滿日，我偶爾會到新社法昇內觀中心看看。有一次，我拿起掃把，在辦公室前面掃地，當期帶課老師明迦法師看到，跟我說：「神父，我們請你當會長，不是要你來掃地。中心的開發案礙於法令限制，暫時擱置中，請你了解一下現

況。」於是，我把中心土地全部盤點一遍，才發現基地內有一小筆是國有財產局的土地，國產局表示，等到中心申請開發案時再併案提供許可函即可。至於廚房後面的河流，把中心的基地分割成三塊，那是水利用地，需要保留，價購的可能性微乎其微。可是如果沒有價購，基地分成三塊，屆時開發案中心土地不能統一檢討，會降低基地規劃的整體性。另外，也發現辦公室的土地是持分共有，有三分之一屬於別的地主。

探查之後才知道，原地主過世多年，家屬並未辦理過戶，繼承者有的住東勢，有的在豐原，還有的在外縣市。於是我分別跟他們接洽，討論價購事宜。

由於內觀基金會屬於宗教法人，不能價購農地。那時有位舊生表示樂意協助中心購地，並想親自和家屬議價。議價當天雖然代書私下表示對方開出的價位偏高，不過俗語說出錢的人講話較大聲，那位師兄對於價位並不在意，我也不好多所表示，於是就簽下合約，付了訂金及簽立本票。誰知依約到了要付錢的時候，那位師兄卻說很抱歉，他臨時出了狀況必須挪用資金，無法幫忙購地了。我從中學習到，以後舊生捐款要先入帳，再來考慮是否參與議價，避免中途變卦，中心要承擔議價後果。

委託中心開發案・拓寬聯外道路

接下來是中心的開發案。首先，我聯絡彰化一家開發公司，

對方跟我說，開發案的前提是，基地內不能有墳墓，另外基地的聯外道路必須六米以上。

中心停車場有一座墳墓。我登門拜訪後代家屬，對方告訴我，他輩份不夠，但可提供族譜給我參考，才知道那是家族祖墳，牽涉好幾代。

我以土法煉鋼，透過 104 查號，找到族譜名單中一些後代家屬。他們分散在東勢、豐原各地，其中輩份最高的在豐原開工廠。於是我去拜訪，並告知中心要進行開發案，早晚該墳墓必須遷走。對方說，他不能作主，必須召開家族會議。於是我根據手上名單，通知後代子孫召開家族會議。會中我提到，如果遷到新社的公墓費用含建墳大概十五萬元，對方表示不可能遷到公墓，他們會另外找地遷墳。我告訴對方，他們要把祖墳修到什麼程度我方沒有意見，不過我方補貼費用的額度是有上限的。

接下來是連外道路要六米，當時中心連外橋寬只有四米。於是花了好幾十萬元拓寬橋面。然而橋面聯外那端是兩戶私人用地，於是我分別找他們談妥補償金額及簽立協議書。

另外，明迦法師曾表示，中心基地越大越好，周遭空地有助於營造寧靜氛圍。詢問結果在男眾經行區旁聯外道路的另一側地主有意出售。我請一位舊生師姐幫忙向農會貸款價購該筆土地。貸款還完後，師姐希望中心可處理她代購的部分，最後由蕭集智老師出資並將該土地過戶到他名下。

前置作業已經就緒，回頭找開發公司。聽說鄰近台中縣某佛教團體不久前有個成功的開發案，其開發公司是台中市的聯緯公司。

就這樣我跟聯緯聯絡。對方評估大概一年半到兩年可以通過開發案。我特別提到中心的水利用地，將基地分割成三塊，如何解決？他們表示會有辦法，於是簽約每月給付服務費用五萬元。

期間，台南楊輝澤師兄特別提醒，一旦送出開發案，主管機關會針對基金會的所有財務狀況，詳加檢查，所以不能有絲毫的瑕疵。當他得知辦公室三分之一原持分共有的土地是由基金會出資購得，就表示這個部分有瑕疵，需要導正，於是據說後來是由蕭老師來承擔這筆費用，還回中心出資的金額，並將該農地名符其實地登記在蕭老師名下。

原本這兩筆土地都要併入中心的開發案，但是開發公司表示，如果基地維持在一公頃以下，就不需要環評，如此開發案會比較順利和單純。將來如果有需要，再併到另一個開發案即可。

除了案子本就繁瑣、冗長與費時，中心本身對於基地開發案的建物規劃也意見不一，開發案進度並不順利。當時還請一位也是建築師的印度助理老師，利用來台勘察六龜法邁中心場地的機會，到新社看法昇中心，並提供規畫方案。後來，中心開發案的對口王平三老師跟我說：「每個月不管有無進

度都要給付開發公司五萬元服務費，也不知道開發案還要耗多久，我們必須找公司談，改採定額並完成後一次性給付，尤其是如果對方對整個開發案那麼有把握。」於是改與開發公司談妥通過後一次性給付。多虧王老師當機立斷，設定停損點，否則若維持按月給付，多年下來，費用真是嚇人。

由於我第二任會長任期已到，之後整個開發案就由新的會長楊崇銘師兄和新的董事會接手。很高興中心的開發案歷經十多年後終於通過。至於，開發公司是如何處理基地被水利灌溉保留地分割成三塊的問題，詢問後得知是跟水利地的主管機關申請價購該筆水利地的持分，如此一來，該水利地仍保留灌溉疏通水流的用途，而基金會是持分所有權人，所以中心的開發案，三塊基地就可以視同連在一起，統一檢討和規劃建物與空地的比例。

以上是開始接觸內觀、去了巴西與後來參與基金會董事會運作的經驗。由於事隔多年，僅憑記憶，部分內容如與實況有所出入，也請不吝指正並見諒。

對於內觀會務的推動，本人不論是在巴西或是在台灣，總感到有股動力與莫名的喜悅。僅藉此分享，希望有助於讀者們更進一步瞭解內觀在台灣發展的點滴，並在正法的推動上共襄盛舉，一起在正法中成長。

我與中國初期內觀課程

口述／明　度　　撰寫／穆　泥

第一次上到內觀十日課程時，我已五十出頭。

上世紀八〇年代，中國改革開放起步之時，我在一家大型企業任職。那時，我面臨超強的工作壓力，長年奔波於差旅，而健康狀況又欠佳……。可以說，當時我就像一個不停歇的陀螺，長期疲憊地運轉在高速軌道中。

我本身沒有什麼宗教信仰，雖住在石家莊（河北省），但對這裡名噪千年的趙州柏林禪寺知之甚少。然而，我與內觀結緣，卻怎麼也繞不過柏林禪寺。

1996 年，我聽說柏林禪寺辦的「生活禪夏令營」很不錯，於是那年暑假，我把女兒與侄女送去那裡參加夏令營。由於這樣的因緣，我第一次走進了柏林禪寺。

1999 年，柏林禪寺的一位師父告訴我，寺院將舉辦一期名為「內觀」的十日禪修課程，名額有限，問我願不願意參加？我工作繁忙，長年得不到休息，健康每況愈下……，想著十天禪修可以讓自己休整一下，聽上去不錯。就這樣，我稀里糊塗地踏進了內觀在中國大陸的第一個課程。

匯聚老師弘法心願及舊生赤子之情，內觀終於走進中國

後來我才知道，這一內觀的禪修方法可直接追溯到兩千五百年前，這是佛陀親證的解脫之道。

這為期十天的內觀禪修課程以專注與深入禪坐而聞名，參加者十天內要遵守諸多嚴格的規矩，諸如：嚴守五戒、全程禁語、不可與外界聯絡、必須遵照課程時間表參加每天超過十小時的禪修……；所有這些規矩只是為了讓禪修者善護根門，深入修習。然而這麼嚴格又古老的禪修課程，卻已在世界各國遍地開花，它究竟有些什麼神奇魅力？我有點好奇。

我也聽說，美籍華人楊洪為將這一課程引入中國大陸，做出了不可抹滅的貢獻。多年來，楊先生為重建千年古寺柏林禪寺，投注了大量心力與財力。同時，他在海外也上了多期內觀課程，內心受到極大震動。他常常感念，如何能為內觀的弘揚光大做貢獻；為此，他熱切地留意著一切弘法的機緣。當他聽說，有一對住在紐約的華人夫婦已被葛印卡老師指派為內觀的助理老師時，他非常激動，並熱切地聯絡那兩位名為李懷光、俞燕的助理老師夫婦。

而在內觀這一端，葛印卡老師也時常思索著如何將課程引入中國大陸。多年後，李懷光老師曾向我說起內觀走進中國的因緣。

他說，在 1996 到 98 年間，葛印卡老師與台灣及美國華人

舊生座談時，多次詢問有沒有可能將法帶到中國。每次，大家都思索著，「內觀禪修」能在中國辦課嗎？想來都覺得比登天還難。

有一次李懷光與俞燕老師去香港見葛印卡老師，老師又問：「你們能想辦法把法帶入中國？」他們當時想：「不可能啊，我們在美國住了四十多年，大陸一個人都不認得。」老師又說：「中國與印度占世界人口的百分之二十五，若這兩個國家能得到法種，世界必定會改變。」老師這句話時時縈繞在他們心頭。

葛印卡老師的弘法心願、李懷光俞燕老師及內觀舊生楊洪的赤子之情，在那個時間點匯聚在了一起。由於楊洪的大力推薦，柏林禪寺的住持、同時亦是河北省佛協主席淨慧老和尚，在審閱了內觀的資料後，同意在柏林禪寺開辦第一期內觀課程。洽談及籌備課程歷時一年有餘。

葛印卡老師有心要到中國帶領這第一期的內觀課程，然而由於種種原因，老師沒能及時獲得簽證。於是，李懷光及俞燕老師便擔起這一使命，來到柏林禪寺，帶領這中國的首次課程。

參加中國第一期內觀課程，挺喜歡這個方法

1999 年 4 月 20 日，我只帶了洗漱用品及簡單的換洗衣服，就進入了課程。內觀課程本身要求嚴格，再加上柏林禪寺的

嚴謹家風，這一在中國舉辦的第一期禪修課程就顯得更為莊重與嚴謹了。

我的第一期課程反應相當大，這可能和我本身的性格有關。我平時做事愛較真，所以進了課程，技法指導怎麼說的，我就照著那樣練，而且是不餘遺力的全身心投入練習。另外，我從沒接觸過任何修行方法，可以說是一張白紙。也許是這些原因，我練習起來輕鬆而投入，不帶任何包袱。

記得頭三天觀呼吸的時候，我一上座就頭痛欲裂，而且還感覺腦袋裡劈啪作響。為此我中午向俞燕老師請益，她告訴我：「你別管那些，就守在你的呼吸上，呼吸是你的避風港。」她這麼說，我就這麼練，不管有多痛，卯足了勁，只觀呼吸。

四月的石家莊乍暖還寒，而我一打坐就全身冒汗，經常汗水順著頭髮往下滴，濕透全身。又痛又熱，我卻如入無人之境，我平時較真鑽研的工作習慣，也不知不覺體現在了禪修中。到了第四天練習內觀之後，我嚴守著「共修一小時保持坐姿不動」的指示，更投入地修習，心裡想著「不能動，不能動，即使痛死也不動」。

首期課程我就是那樣扛過來的。其實捫心自問，剛剛接觸內觀，很多內容我根本沒理解消化，更沒可能把自己對它的認知提升到「解脫」的高度；我只是懵懵懂懂，跟著指導蠻練而已。

首課結束，寺方組織學員們開了個分享會。記得我當時說，我挺喜歡這個方法的，一期課練完，發現自己氣色好多了，內心也平靜了；最重要的是，對自己的內在有了更深入的瞭解。我覺得這個方法對我行之有效，希望日後能繼續深入練下去，看看它到底把我帶向哪裡。我說，如果下次再辦課程，我願意繼續參加。其實我說的都是自己的實際狀況，我這個人說不出什麼別的大道理來。

　　我聽說一年後，即 2000 年 4 月至 5 月，將會再開辦兩期十日課程。於是，我開始沒有休息日的連續工作，只為把假期都攢起來。結果我如願請到了假，參加了內觀的第二期課程，地點依然是柏林禪寺。第二期課程由專程從美國趕來的 Barry & Kate Lapping 夫婦老師，以及李懷光和俞燕夫婦老師一同帶課。繼第一期課程 117 名學員成功完成課程之後，這一期課程共接收了兩百多名學員。

　　柏林禪寺的設施是一流的，課程分設兩個禪堂共同進行。來自台灣的翻譯法工協助著美國老師帶課，課程依然十分順利。

決定投身法工服務，期望更多人走上此道

　　我在第二期課程中漸漸領悟到，練內觀究竟是為什麼，修法也開始得心應手起來。我感到自己似乎上道了，有種漸入佳境的感覺。於是我向俞燕老師申請繼續上第三期課程。不過俞老師說：「你要服務課程嘍。我們在中國要把法工培養

起來哦，這樣課程才能持續開課。」

對呀，這個課程完全仰賴於舊生的發心資助以及義務服務。修完一期課程，學員們體會到方法的好處，並發心要將利益分享給更多人，於是就開始義務服務這個課程。場地籌備、課程報到、清潔打掃、洗切烹飪、管理課程……，林林總總，各項工作都完全由法工們自願承擔。

法工的資格中有一條是：至少完成過一期內觀十日課程的舊學員。中國首課，由於大陸根本沒有人上過課，所以也就無人可以承擔法工服務了。在這種情形下，有一批海外舊生聽聞內觀要傳到中國，卻沒有法工服務首期課程，他們便自掏腰包買機票，飄洋過海來服務課程。他們有的是定居美國的華人，有的則從歐洲趕來，也有好幾位從台灣、香港飛來。離開舒適的家庭環境，來到中國大陸這片陌生的土地，面對臨時辦課點各種物質條件的欠缺，他們卻毫無怨言，全身心地服務大家。

在課程中，作為一個學員，我雖在禁語中，但時常目睹這些外國人幹活的場景：打掃洗刷、端水送餐……。他們做事時，耐心、沉穩、專注、慈心滿溢……。我看在眼裡，感動在心裡。內觀課程那麼棒，它理應在中國大地傳播開來，讓更多人獲得益處。我是如此的幸運，在它一進入中國時，我就上到了這樣的課程。所以，我決定投身服務。

2000 年的 9 至 10 月，內觀的第四、五期課程如期在柏林

禪寺繼續舉辦。我上了一期課程，接著就服務了一期課程。在那期的服務中，我有幸得到了 Kate 老師無微不至的培訓，由此，開始走向擔任助理老師的服務道路。

說實話，我沒有什麼特感天動地的想法，只是覺得這個方法確實好。我在自身中運用著它，體驗到它的切實可行、簡單直接，及立竿見影。我一直思考著，當今社會，若普通人能運用一種方法，消除日常累積的負面心理垃圾，那實在非常必需。而內觀，正是那樣的方法。

我是一名普通人，有幸接觸到這一修行方法，在日常生活中修習並運用它，感到自己受益頗豐。時常，我感懷內觀為我的人生帶來的正向改變，亦期望能盡自己的綿薄之力，協助更多人走上此道，共同得益。這一切自然而然。

吉普賽大篷車為法走天涯

口述／明 度　　撰寫／穆 泥

在 1999 及 2000 年期間，我有幸參加了在河北省石家莊柏林禪寺舉辦的五期內觀課程。我在日常生活中練習著這一淨化自心的禪修方法，體驗到它為我的生活帶來的正向改變。

2001 年，柏林禪寺原本打算要開八期課程。我期待著擔任法工服務這些課程，然而，世事多變，由於種種原因，寺方沒能如期舉辦。不過，基於前兩年已開辦的五期課程，法的種子已深深扎入中國大陸的土壤，破土發芽，勢在必行。

隨順因緣安排，勇往直前地奔赴各地

上過課的舊生深深體會到正法帶給自身的好處，也相信它將為廣大眾生帶來利益，於是想方設法四處另覓合適開課的場地。

有幾間寺廟願意承辦這樣的住宿禪修課程。於是，就在柏林禪寺這扇門關上之際，另一扇門已打開。回首過往，內觀課程自開辦首課之後，就再也沒在中國大陸停頓過。不過，只是辦課地點從條件優越的禪寺，轉向物質條件匱乏的偏遠之地了。

二十一世紀之初，中國大陸的經濟還沒有發展起來，這些地處偏遠的寺廟條件之艱苦，是二十年後的我們難以想像的。當時，內觀課程就如同一輛吉普賽大篷車，載著開辦課程的各種家當，隨順著因緣的安排，勇往直前地奔赴各式各樣的場地。只要有場地願意接納這一修心的直接法門，大篷車便駛向那裡，竭盡所能地開課，接引在地求法者。

　　2001 年 9 月在湖北黃梅的禪宗古道場四祖寺成功開辦了一期課程；同年 12 月在福建莆田廣化寺為比丘僧眾開辦了一期課程。

　　2002 年 8 月來到浙江溫州頭陀寺辦課，但因故停辦；正在課程中斷，無處可去之時，因緣又再次出現，熱心人將內觀引薦給了四川的聖水寺。8 月底從浙江溫州旋即轉道四川內江，內觀在聖水寺成功開辦了一期課程；9 月再次回到湖北黃梅四祖寺，但那期課程中途再因故停辦……。

　　2003 年 8 月初，又有發心舊生安排了北戴河的場所，成功開辦了一期課程；8 月底繼而南下福建福鼎，在資國寺的下院極樂寺開辦了三期課程；9 月還同時在四川青城山白雲庵辦了一期課程。

　　2004 年 3 月直至年底，連續在福建福鼎極樂寺辦課；7 月至 9 月北戴河又同時辦了五期課程；8 月還在新疆烏魯木齊辦了一期十日課；10 月則回到石家莊，在極樂寺（與福建福鼎的極樂寺同名）開辦了一期。

2005 年 1 至 7 月底，在福建福鼎極樂寺連續辦課。但因諸多原因，課程又將被停。法的因緣又一次巧妙地作了安排：那時剛好有位比丘尼法師在極樂寺上完課，她是福建長汀南禪寺的當家（住持）普利法師。她被課程所傳授的內觀法深深震撼，當即懇切地邀請內觀去她所在的南禪寺辦課。隨後，她發心在寺廟中闢出專區，興建禪堂、宿舍樓等相關設施，用於長期開辦內觀課程。就這樣，自 2005 年 10 月 1 日起，內觀課程正式落戶南禪寺。至此，內觀結束了長達四年的吉普賽流浪之旅，終於安定地駐紮下來，連續辦課。

回顧這四年，內觀這輛吉普賽大篷車在中國大地跌跌撞撞地行駛著，然而離奇的是，每當一扇門被關上時，總有另一扇門適時地向內觀敞開。四年來，課程雖東奔西顛，但每年仍能開辦幾期課程，特別是 2004 年起，有了連續辦課的勢頭，因此為泱泱大國孕育了許多內觀禪修者。這不能不讓人深深感懷，法的運作太奇妙！

課程開到哪裡，法工就到哪親手佈置場地

回顧過去的旅程，我也看到自己坐在吉普賽傳法大篷車的後車斗，身邊還裝滿了各種課程物資。

期間，我有幸擔任過各種法工角色，從課前的物資統籌、課程場地佈置，到課程中的事務長、採購、環保、餐飲協調與服務，再到課後的收納、整理、運輸……。

一個深入又密集的禪修課程，對環境、場地、設施有著特殊的要求。為營造沒有干擾，安靜穩定的禪修氛圍，課程與外界是嚴格隔離的；此外，內部還要讓男女眾有所分隔，以讓每個人都能專注於內在修行。同時，為讓課程有效運行，安靜寬敞、合適禪坐的禪堂是必需的。同樣顯而易見的是，上百名禪修者在此生活起居十天，男女眾的宿舍、洗浴、廚房、餐廳……，這些設施也得一應俱全。

然而課程居無定所，有熱心舊生幫忙聯絡了一個接納課程的地點，我們就匆匆趕去；許多場地隱匿於偏遠山區，哪裡來完備現成的各種設施。怎麼辦？課程開到哪裡，法工就在那裡親手把場地佈置起來。

我記憶最為深刻的是 2002 年 8 月的課程。我們先在溫州頭陀寺辦課，那期課有幾位西方舊生專程趕來作法工。這些金髮碧眼的外國人出現在溫州郊外的小寺廟，在當地甚是扎眼，結果課程在第七天被取消了。我內心感覺可惜，但也無奈，只能收拾行李回家。當時中國哪來高鐵，我搭著大巴，顛簸三、四十小時才回到家。剛到家，便接到李老師打來的電話，說：「四川內江有一所寺廟提供場地給我們開課，你來不來服務？」我答：「來！」於是我又張羅了起來。

李老師讓我帶上音響設備等物資，因為那個寺廟什麼也沒有。這樣，我收拾出四個大行李箱，外加一台大音箱。看著這一堆東西，自己都發愁起來。當時我先生正放暑假，我就

央求他說：「你跟我一起去吧，你也參加一期課程，順便幫我帶點東西。」他答應了，我很高興，心想他終於能上一期內觀課程了。結果，他一看到我這一大堆物資卻說：「就憑你這堆行李，我也不去。」他是那種出差時連條毛巾都不願帶的人。我失望極了，但想想得把物資運上火車，便又請求他：「行吧，那你把我送上火車吧。」這樣他才把我和大堆物資送上了火車。一路上，我又擔心這麼多東西怎麼下車，於是，沿路開始巴結周圍的人，結果還真有幾個好心人幫我把行李搬下了車。

到了聖水寺，環顧這傳聞中的千年古剎，才明白這實際是間年久失修、設施陳舊、場地狹小、條件極其簡陋的破廟。僅有兩間大開間廳堂，一間不用說，要用作禪堂；另一間則臨時鋪上破木板，成為學員住宿的大通鋪。禪堂實在太古老了，屋頂還有破漏，我坐的法工位置，一到下雨就往下滴黑水，偏偏這地方夏天還天天下雨。

寺廟當時的衛生條件實在夠嗆，不過李老師依然要求我們盡力保持整潔與衛生，課間休息前，我們都得把廁所沖洗得乾乾淨淨。寺廟沒有洗浴設備，法工們想出辦法，用藍棚布圍合起來，供學員在露天底下擦洗。我們借用寺廟的大灶，燒柴煮水，然後法工們手提肩挑，將一桶桶的熱洗澡水送進藍棚布浴室。用餐就更具創意了，沒有現成的餐廳，我們利用寺廟後山的一個山洞，把桌椅搬進去，即刻改造成大自然餐廳。

有些看不見的護法，冥冥中護佑著課程

　　課前場地佈置完，李老師開玩笑地對我說：「今天你辛苦了，你可以挑個喜歡的位置睡覺。」我說，沒啥挑的，門口的位置非我莫屬了。睡了一晚我就後悔了。因為那個改造成學員宿舍的大開間，門奇大無比；為擺下眾多床位，我們在大門中央拉一塊塑膠布，左邊劃為男生宿舍，右邊則是女生區。百來號人的「床鋪」其實是用到處收集來的破木板鋪就的大通鋪，簡陋至極。我「挑」的位置就是那門口第一床，緊挨著中央塑膠布。結果到了晚上休息時，一宿舍的人都輪流從我「床」前進進出出。吭當出去一個人，塑膠布嘩嘩響；吭當又進來一個人，塑膠布又響成一片，一夜難眠。而就這樣，整整過了十一個晚上。

　　不過李老師也很辛苦。所謂的老師宿舍，只不過是一間破舊的空房而已，一樣也沒有床。找幾張破木板，架在兩張凳子上，他就這樣過了十多天。他眼見著法工們工作辛苦，休息時就來幫大家提水。水桶那麼重，結果把褲子磨出一個大洞來，而他又沒多帶衣物，將就縫補一下，撐過了整個課程。

　　聖水寺課程最最離奇的事，發生在最後。

　　課程結束，我們收拾了場地，帶上物資及大音箱，轉道去湖北黃梅的四祖寺。幸好有幾位法工作伴，大家一起帶著物資，與李老師一同搭長江三峽的客船去到九江。後來我們得知，就在我們離開聖水寺只十分鐘的時間，禪堂屋頂整個塌

了下來！這間禪堂原本就是上百年的老建築，年久失修，課程中屋頂一直漏著水，但離奇的是，它如何就撐到課程結束，等大家離開後才塌了呢？

這件事一直令我們百思不得其解。我猜想，一定有些看不見的護法，冥冥中護佑著課程、護佑著大家。除了這，似乎無法解釋。

每期課程結束，大批物資怎麼處理？想著下次課程還能用，於是我就把能用的東西全部收拾起來，然後雇卡車運回石家莊。在家裡我騰出個空房來，專門存放課程物資，從坐墊到保暖水瓶，從音響設備到床單被罩。待到開課時，就再運往課程地點。

李老師年年從美國飛來帶課，放下那邊的舒適環境，來到這有著天壤之別的陌生之地，自付機票，義務服務。海外來的法工們也一樣，在這樣艱苦的環境中胼手胝足，辛苦勞作。我是生於斯、長於斯的本地人，我領受了這樣殊勝的法，如何能置之不管？於是，我責無旁貸地負起了物資管理的工作。

內觀種子第一次播撒中國大地，距今已二十五年

回想那幾年的吉普賽課程，雖辛苦，但也練就了我許多能力：就地採買、靈活運用庫存物資、在五花八門的各種場地快速佈置出內觀格局來。那幾年一到開課季，我就請年休假，

然後趕三、四十小時的路程，奔赴課程場地。

我天生身體欠佳，但奇怪的是，長途旅行，無論飛機、汽車、輪船，坐幾十小時我一律都不暈車。而且在路上，我還發現自己似乎有種特殊能力，那就是一看地圖就會走；因此，帶著各種物資奔波在路上，從不迷路。老天爺也特別照顧我，長途搭車，經常要換的下一輛列車就出現在同一月台上。「一切都安排得剛剛好！」在旅途中，我時常對此驚嘆不已。

自內觀種子第一次播撒到中國大地，距今已有二十五年。在此期間，儘管風雨不斷，但眾多的內觀中心已如雨後春筍，在中國大地上冒出芽來，它們生命力強盛，無不枝繁葉茂。

二十五年中，數以萬計的中國民眾通過修習內觀，得到了心靈的淨化與滋養。走出課程的人們，無不散發純淨、良善、快樂與安詳的光芒。當他們回到家、回到社會，他們也毫無保留地將這光芒輻射給身邊的親友、同事，甚至是不相識的路人。可以想像，因一小部份人自身的改變，整個社會也正進行著一場悄然無聲的淨化。

一棵樹苗漸漸長成一片樹林；假以時日，它們必將蔚然成林。

遇見

不一樣的相遇、不一樣的照見，
但一樣走上出離業習的解脫道。

如果出離業習是「法」的禮物，
那只能親自拆封；

如果解脫道是萬里長征，那也
需要踏實邁出第一步。

實至名歸——終生奉行的「題詞」

蕭集智

一九五五年，我從佳冬國民小學畢業。那時每位畢業生都可得一本畢業紀念冊。

除此之外，同學間流行買本小小的留言本，請自己喜歡的同學寫點勉勵和紀念的話。同學們能想的出來的金句名言，大概不出教科書上的陳腔濫調。我懷疑至今有多少人還記得同學們雖稱不上嘔心瀝血、但卻是搜腸刮肚寫下的那些「珠璣」？

我的留言本首頁是請校長題的。覷䩗小生如我，怎有膽請校長大人題詞？還不是跟著混在大夥中衝進校長室，把留言本往校長辦公桌上一放，轉身拔腿就跑。反正這是校長每年此時必做的功課，應付兩班畢業生就得題一百多條銘言，怕也得花他兩天工夫吧！

我能記住的小學老師不多，但校長的形象和名字卻記得非常明晰。校長名「邱虎魁」，人如其名，虎背熊腰，非常魁梧，聲音深沉宏亮，但和顏悅色。我後來才知道，他是我大伯母的姪女婿。

他在我的留言本上題了：實至名歸。那時小腦袋不知其意，馬上去翻辭典。原來意思是：事情實際做到了，名譽也隨之得到了。這下子立刻記住了，不料後來也奉行了一輩子。

「七年級生」反敗為勝

我的兄姊都是高材生。哥哥小學畢業後同時考上省立高雄中學和省立屏東中學。他選擇了離家比較近、坐火車只要一小時的屏中就讀。三姊和四姊也都是優等生，在畢業典禮上不但領獎，且代表全體畢業生致答詞，她們都考上了省立高雄師範學校（現在的高雄師大的前身）。

而我，則是應該被老師劃入「放牛班」、不予輔導升學的蠢材。但礙於「蕭氏」在當地有望族名號，還有兄姊們出色的表現，還是勉強把我放入升學班。結果不出大家所料，大家嚮往的第一志願省立屏東中學，我不敢報名，看能否僥倖擠入次級的省立潮州中學，結果還是名落孫山。於是再報考比較好的縣立明正中學吧？仍然望門興嘆。最後落得只能在「佳冬農校」和「東港中學」二選一了。

當地人對佳冬農校的惡名知之甚詳，嗤之以鼻，不予考慮；東港中學給人印象也是「製造太保」出名的學校。這時話語權很重的大姐出聲了。她長我十二歲，長姊如母，是家中細心照顧我這株幼苗的園丁。她說：「讀完東港中學三年後，你就廢了」。因此，爸爸只好硬著頭皮領我去見邱虎魁校長，拜託讓我留級寄讀一年。校長笑著臉，收了我成為「七年級生」。

學生都有學籍編號（學號）。我回鍋寄讀的那年，學校第一次實施學生制服上要繡學號。我是民國 38 年入學的，故我的學號是「8」字頭的 8039，而其他六年級的學弟學妹們當然是 39 年「9」字頭的。這樣我這個七年生的身分就暴露無遺、無所遁形了，以「學長」自居，很是丟臉。這個 8039 給我的刺激太大了，以至於迫使我發憤圖強。就在寄讀這年，我學習的狀況突飛猛進，次年考上了第一志願省立屏東中學，而且成績是同校考進屏中五位同學中的第一名。很感謝邱校長重新收留我，而我也以成績回報。校長題給我的「實至名歸」，我做到了！

上學十六年全勤獎

小學六年學業乏善可陳，倒是留級當七年生那年才領會讀書況味，留下鮮活的記憶。雖說那六年可謂一大「黑點」，但卻黑得烏亮——我居然在畢業典禮上領獎了。可能是性格使然，我認為不去學校上課而被老師拿來說事，真是十分丟臉。因此，六年來不論是風雨交加或感冒生病，我都一貫地上學，從不缺課。雖然小腦袋沒裝進多少知識，但內心一份「慚愧思惟」，是鼓舞我在畢業典禮上台領受「全勤獎」的動力。當學生就得上學，這是本份，而領了全勤獎，正落實了邱校長嘉勉我的「實至名歸」。

這股「當學生就該風雨無阻」的牛勁，又再次光榮地體現在我屏中初三的畢業典禮上——我領取了全勤獎狀，及一本

「國語日報辭典」。

「書卷獎」或「學業優等獎」在屏中高中畢業典禮上是與我無緣的，但我鐵定是「全勤獎」的老相好。典禮的前一天，教官把我叫去辦公室，我被告知我有一天的早上升旗典禮缺席，因此沒有全勤獎。教官安慰我說，「實質上你是有全勤的，但因為有一天火車誤點，所有同班火車通學的同學都被記缺席了」。教官的安慰說明我已「實至名歸」也。那時的火車是燒煤的，車行七十分鐘，我的「光榮」被蒙上一層媒灰也在所難免，總不必為了少一張獎狀而大舉抗議「蒙塵」吧？

不搭火車上學的大學四年，「光榮」應該再現了吧？有人就質疑說，你這個牛勁這下一定會吹破牛皮。大學上課有點名嗎？有的。點名是核發全勤獎的必要手段。淡江大學（我上學時還叫淡江文理學院）實施「座位實名制」，以提高教學效果來提升校譽。教官在走廊巡走，透過敞亮的窗戶記下缺席者。俗話說「不怕官只怕管」，但在淡江，管你分數的老師才不在乎你出不出席，但教官卻可能決定你退不退學。故在這間「名校」，我們是「不怕管只怕『官』」。這可顛覆了一般認知。四年裡，我每節課都到，而且沒坐錯位子，故畢業典禮上，我又得了張全勤獎狀。

有人不服氣地問：「就說你風雨無阻，而且生病了也還有力氣爬那獨特的淡江『克難坡』，但四年中你不談戀愛嗎？難道

你的女朋友也這麼死心塌地的成全你拿那張『紙』嗎?」秘訣就在:彼時蕭郎一來「阮囊羞澀」,二來課外時間還在學校「課外生活指導組」當工讀生,沒錢又沒閒,女友闕如,全勤獎狀就這樣不喚自來了。

想想,十六年上學不缺席,真有點不可思議。但是,自從學了內觀以來,二十六年不也是這樣過的嗎?

每年在大陸七個月、台灣兩個月,都在中心服務;兩個月在印度或泰國坐禪進修;剩下的一個月在家裡「造業」,但也是造與內觀相應的業。能過如法的生活,方方面面都會受到法的保護,這不也是「實至名歸」的體現?

前線少尉軍官勤懇服務

1966 年 6 月自淡江文理學院畢業,接著去服一年兵役,擔任少尉軍官,被分派到馬祖最前線高登島。

這分派說是由教官代替抽籤決定的,大部分同學都分配到空軍幼校或其它軍事單位當英文教官,分配到金馬前線的人極少。事後有人告訴我,其實被分配到前線的必須是「忠黨愛國」的學生,那是由教官遴選而非抽籤。

七月颱風季,台灣海峽波濤洶湧。載運我們這批後備軍官的是艘平底運補船,它完全無力招架風浪,只能隨波擺佈,因而整船人員各據一角,或坐或躺悉聽尊便,只求「嘔吐方

便」。我們傍晚從基隆出發，海上夜航行，四周一片黑暗。次日破曉時分，船泊進南竿福澳灣搶灘成功。一群陸上官兵熱烈歡迎我們這些已被折騰得渾身癱軟的「生力軍」。

我應是得了「上上籤」，航程還有後續。「下下籤」者下船到南竿部隊，「中下籤」者自南竿中途再轉進北竿部隊，我則上北竿、再上小柴油船，繼續一路吐往高登島。第一次領略到軍車性能卓越，居然可以攀爬四十五度斜坡，又往下俯衝、轉彎。彼時我已吐到無物可吐，估計連膽汁都乾涸了，餘程只剩心驚而無膽可跳。好個「上上籤」，蒙天護佑保住小命一條。

我被分配到一個連裡當政戰官，職銜是「少尉幹事」，老闆是「連輔導長」，職責是做好連裡官兵的政治思想工作，及照顧其福利。有天營輔導長要我給營士官們上課，他丟了一本教材，要我藉題發揮。我的天！我沒上過講台面對大眾，而座下都是閱歷無數的「老芋仔」，不知已欣賞過多少新人在台上出糗了。我不知道講了些什麼，唯有一點卻是徹頭徹尾有把握的，我確實給了他們點「顏色」瞧瞧——因為整節課我都羞窘得滿臉通紅。想當然爾，這種事營輔導長以後再不找我幹了。

可發揮我才能的工作終於來了。官兵們都有福利點券，他們以積點來領取福利品，品項多達幾百種。那些福利品對充援兵（指義務兵）來說很實用，因為他們有固定的回台探親假，

軍中福利品是很受歡迎的探親伴手禮。我偶然發現他們手中握有很多積存的點券，我問怎不兌換，他們的回答讓我驚訝。原來輔導長從不管這事，而每年來的新幹事都與輔導長處不好，輔導長天天喝醉酒，幹事對輔導長嗤之以鼻，只會跟連長搞好關係。他們對福利品一事都以「多一事不如少一事」的態度混過，反正一年很快就能混過。

於是我花了約一星期，將所有能兌換的福利品項，每項需要多少點等等，刻鋼板油印出來分發到各班據點，等官兵們填完後再匯整統計，然後向營輔導長申請一艘柴油船，去一趟北竿團福利總站，滿載回高登。

全連官兵因此對我的服務豎起大拇指，我說這只是我當「幹事」該幹的事。公務之餘，我曾義務教一位充援兵學英文，有時則在碉堡內大聲朗讀練習英語，不用怕會干擾到連部同袍，也不怕吵到對岸的馬祖居民，能聽到且可能嘉許我的大概只有海上的媽祖吧？更多時候，大家都在午休時，我則在連部交誼室窮練大四時學的英文速寫。

一年中我還被調到不同崗位做不同的事。在高登五個月後，被調去北竿管理唯一的電影院。前線是戰地政務實施的地方，故電影院也在軍管範圍。當時一名少尉管理員，一名售票員，兩名收票員和兩名放映員，都是「老芋仔」，據說聯手吃票吃得太過分，收票員收到的票因沒劃位，可以交給售票員重複賣兩三次，所以場場爆滿，收入卻不成比例。

團裡撤下原管理員，改由我擔任。俗話說「強龍難壓地頭蛇」，更何況我本就不是條強龍，更別說敢壓這五位地頭蛇了，就連他們的一根寒毛都不敢動。我只能在收票處和售票口來來回回，讓他們收斂些，但他們支開我的辦法多得很。

在電影院待了三個月，我又被調去南竿師部整理官兵檔案，主要工作是在檔案室篩選抄錄官兵們經年累月厚厚的考績資料，減少檔案室負擔。工作不難，就只要有耐心坐得住，但調用幾位預官來做的用意是，他們不認識官兵，且一年後就離去，不至於徇私造假或洩露人事機密。我們是來自不同大學的五位預官，計有台大、台北工專、世新、逢甲和淡江。來自淡江這位因有「全勤癖」，故出席率很高，而其餘同事則能溜就溜。管理我們的是一名湖南籍彭中校，偶爾前來視察。有天他帶著一件禮物來看我們，碰巧這天台大、工專、逢甲和淡江的相約缺席去辦啥事了，唯一在場的卻是五人中最會溜的世新同事，他名字裡有個「吉」字，真是「吉人自有天相」。彭中校帶來的禮物當然就要給他了，這時管理檔案室的廖上士稟報中校，最賣力的其實是蕭少尉，彭中校就說：「那好，這禮物就由他倆協商」。禮物是可回台探親一星期。世新同事跟我說，他想女友想得快瘋了，那時沒手機，單靠書信來往再頻仍也不能稍減思念，可否讓給他這個機會。我那時沒女友，家又住離基隆最遠的屏東，交通往返就要去掉三、四天，且所費不貲，於是就成全了他。

三個月後，人事工作告個段落，我就回到原單位準備一個

月後退役。由於原駐紮高登的四個連全移防到北竿，所以我就這樣與高登島「不告而別」。回部隊去各班探望袍澤，有位老士官罹患了帶狀皰疹（俗稱皮蛇），軍醫生給他打盤尼西林，症狀沒再蔓延但未痊癒，剛好我家有個祖傳偏方，便去中藥行配了一個療程的藥粉，以酒和成糊狀給他塗抹，不幾天就好了。這是我退役前能給袍澤的一項有意義的服務。

脫下了軍服，踏上本島土地，念天地悠悠，心中呼喊「天啊！我的工作在哪兒？」只差一點沒愴然淚下。在本島服役的同學們都找到工作了，而在前線戍衛後方家園的退役軍官卻茫然不知所措。這時想到何不回母校看看，或許會有企業招募員工的消息。

淡江校本部在淡水太遠，於是我提著一包簡單行囊，從基隆坐車到台北車站，再信步走向金華街淡江城區部，就在路上與李瑞弘同學不期而遇。他是大四時的班長，我是副班長。他說他會回淡江在校長室當秘書，還說淡江視聽教育館在招募英語助教，於是我不惜花錢搭計程車火速趕往城區部，敲了視聽教育館辦公室的門。有位學長開門，告知助教應徵報名已截止，明天就要考試了。我急切地問他能否補報，我今天才從馬祖退役回到本島。這位仁慈的吳學長把我補上名單，並請我明天上午九點來應試。

視聽教育館的英文助教日後要協助教授輔導學生聽與說的能力，故要求口齒清晰、發音字正腔圓，考試內容包括：英

文聽寫、英語朗讀一篇文章，以及與考官教授的英語對答。
十來個應試者坐在視聽教室的個別的語音棚，考官教授則在
控制室隔著玻璃與我們對應。英語朗讀和對答我平時有充分
準備，故不難，英文聽寫要將考官朗讀約兩分鐘的文章記寫
下來就要看本事了。這時我勤練的英文速寫派上了用場，考
完試，考官陳元音教授把我叫進辦公室，面談後就錄取我了。

我到前線服役，一年中沒拿過一支槍、摸過一發子彈。海
峽兩岸的默契是：一邊單打雙不打，另一邊雙打單不打，打
的不是炸彈，而是宣傳彈。每隔日下午六點，我們躲進碉堡
以防被自空中掉落的彈殼砸傷，第二天上午的工作就是盡量
收集散落四處的宣傳單，收集後呈交營輔導長。我看過「毛
主席」游長江，以及他著白浴袍在遊艇前端向人打招呼的圖
片；也看過李宗仁「前代理總統」穿著樸素腳踏布鞋，參觀
福建某個工廠的畫面。

一年很快就過去了。我很幸運被借調去不同單位，能學到
在不同的人、事、時、地、物的遭遇下，如何善巧與人相處。
在空軍幼校服役的同學來信誇耀說，他們每星期六晚上有舞
會，還可以出去把妹，我則沒分週日和假日勤懇地辦公，行
有餘力則看自己喜歡的書，並磨礪一些學藝。連長曾笑問我
為何能長期與連輔導長共處於一室而無齟齬，我說可能是老
天派我到我們連來彌補輔導長的短板，以便為連上官兵謀福
利吧！從退役離營的那一刻，官兵們熱烈歡送我的場面，我
可以肯定，他們對我的服務應該是相當滿意的。

俗語說「好命還得有運來磨」，雖然同班同學們服役還能聽著音樂趁夜色翩翩起舞，在前線的我卻得警戒摸黑上岸的大陸「水鬼」隨時來割喉，但一切最後有了意想不到的好結局。當我下船佇立碼頭，四顧蒼茫心慌時，哪知會莫名想到母校，又在人海茫茫中遇見班長？在那年代，要找個電話亭撥電話與人聯絡都非常困難，要人、地、時、空諸緣俱足下找到人更不可思議，彼此誰快一秒、誰遲一秒，或左右偏離一尺半尺，都會錯身而過。我們就這樣正好相逢，他又及時通報我一個求職機會，我順著這線索竟順利找到了最喜歡的第一份工作。

能不說這正是天意安排嗎？對我來說，這又是「實至名歸」的另一個實例。

二十六年帶了超過三百場次內觀課

2001 年我接受助理老師的提名，並開始了三階訓練計畫。

當時的區域老師 Klaus Helwig 說我已有很多與不同的國外老師互動的經驗，故可以跳過第一階，直接坐上法座，由伊朗的諾哲赫老師帶我第二階。完成了第二階本來可以由諾哲赫老師接著帶我第三階的，但 Klaus 老師希望他自己來帶。然而他還沒能帶我受第三階，就派我去韓國帶了一期課，又去馬來西亞帶一期課。

自 2001 年受任助理老師，再接著是資深助理老師，到老

師兼地區老師，平均每年帶十五期的課程。二十六年來已帶了超過三百個場次，而葛印卡老師只要每位助理老師每年至少帶兩期十日課程就完成了助理老師的承諾。一般內觀修行者要花十五年以上的時間葛印卡老師才會任命他為「內觀老師」，但我只花了八年的時間就被任命為內觀老師。我不知道是葛印卡老師以「激將」的方式讓我不得不快速成長，還是因為我帶課多得超乎常規，那是「量變產生質變」定律下自然的成就？

不論如何，事實是，多年來我確實從「教學相長」中得到寶貴的經驗，也給自己的修行增添波羅蜜。「實至名歸」也！

國學老師算命「德名祿位不期而至」

讀高二時，村裡來了一位政治大學的國學老師，他會易經卜卦。媽媽就拿我的出生時辰請他算命排八字。印象比較深刻的是，我的命運走勢是一直緩緩上升，到了六十幾歲時「德名祿位不期而至」。然而，那時我對前途沒半點自信，能不能擠進大學都不知道。

因為心嚮往讀藝術系，所以在高三時一放學回到家就自己練習水墨畫和素描，完全不在意作為一個藝術家何能有德名和祿位。參加了大學聯考，也參加了術科考試，結果名落孫山，空歡喜一場，還好學科成績勉強掛上了淡江大學（當時的淡江文理學院）外文系英國語文組。

我對文學不怎麼用心，但對學習語言有些天份且興趣盎然。這燃起了我「德名和祿位」的幻想，心中常把國際知名的語言學家如趙元任和李芳桂，當作私淑榜樣。大學畢業及回校當助教時，自己立下了的奮鬥目標即是：以後要進中央研究院的歷史語言研究所，當位學者及所長。

　　為實現這崇高理想，先得去美國留學，專攻「Linguistics 語言學」。於是，我向 Michigan University 遞交了入學申請，也很快地得到了入學許可。然而，龐大的學雜費、旅費和生活費，立即澆熄我的「德名和祿位」夢想。

　　我來自南部鄉下一個中落的家族，俗話雖說「瘦死的駱駝比馬大」，但殷實勤勞的父母為養活及教育七個孩子，已把田產賣光，且欠了很多債，我不敢提出留學的要求，如果貿然提出，必定讓他們深陷痛苦，也會使他們的債台越築越高。在向密西根大學要不到獎學金的窘境下，我知道這條路是走不通了，於是棄文從商，把「德名祿位」拋諸腦後。

　　那時台灣正在極力發展外銷經濟，外語人才有很多工作機會。我搭上了這列順風車，再加上一直以來不改「全勤」，在不同的領域上表現都很不錯，因此頗受老闆們厚愛，職位不斷地調升，收入也快速地增長。到了五十四歲，當「法」呼喚時，我已能瀟灑地從令人羨慕的職位和優渥收入的職場中退場，投入靈修生活。最幸運的是，適時接觸到內觀法門，且能以此作為我餘生的庇護。

葛印卡老師在長課程中一再明確的開示說，本傳承的內觀是要修行者能在今生證得「須陀洹」預流果，再不濟也可以證得小預流果，這樣就保證來生不掉入四惡道。證得預流果就是進入了解脫流，是入了「聖者」之列的人。

　　葛印卡老師是我們千載難逢的「善知識」。他的教導清楚明白，而且步步可以印證。在這個傳承修習了二十六年，我有信心定能沾到「德名」的邊，也就是成為一位預流果聖者；而目前身為大陸與台灣的內觀地區老師，這是葛印卡老師委任的終生職責，是一項以謙卑摯誠來服務而不求任何回報的神聖使命。

　　一直以來的「全勤」德行，讓我不停地穿梭於海峽兩岸為傳布內觀而不覺疲累。至此，頓覺「德名祿位不期而至」是有些端倪了。這不也是「實至名歸」已不遠了嗎？

編按：

本文作者蕭集智，即為華語版「葛印卡內觀課程指導與開示」錄音的資深助理老師。所有使用華語的舊生都熟悉他溫厚安穩的聲音，但卻很少人知道他的人生歷練，因此編者特邀蕭老師親自從頭細說故事，權充「人物專訪」。

三十五歲那年發生的兩件事

戴明嬌

三十五歲那年，有兩件事情影響了我往後的人生。某天晚上下班後帶小朋友去診所看病，出來後發現老舊的機車不見了。回家後馬上報警，以免有人以此機車犯案。

為了隔天不必花錢坐計程車上下班和接送小孩，同時也理所當然以為老機車肯定找不回來了，便在附近車行花一萬三千元買了一部二手機車代步，並和老闆說明情況，老闆同意一週內可退回機車，但要扣二千元。我很高興有了這協議。

隔天騎著新買的二手車在下班回家路上，突然發現有間寺廟在建設中，很納悶以前怎從沒留意到有此寺廟。想到寺廟建設肯定需要很多經費，同時更心疼莫名其妙多花了這一萬三千元，當下突然動念：「菩薩啊，如果您幫忙找回機車，機車店退回的一萬一千元就全捐給寺廟喔！」就只是一個念頭，自己並沒認真多想。

當天半夜睡夢中，緊急的電鈴聲把我嚇醒，開門赫然看見一位警察站在門口。他說機車找到了，需要我到警局認車並做筆錄。機車賊是騎著偷來的另一台新車時被抓的，他坦承

還偷了另一台舊機車，騎到沒油，丟棄在某公園。警察笑嘆此賊還真誠實。

隔天，我騎著領回的老舊機車真的去寺廟捐款。同事調侃說，那菩薩也太會募款了吧！那次捐款也開啟了我的學佛之路，開始在該寺廟的「佛學研讀班」學習基本佛學長達三年。每週上一次課，每次兩小時；一年中半年學習解門，半年學習行門。

報名寺廟禪修班以準備第一次上課

當年發生的另一件事是，某個週末心血來潮，初次帶兩個小朋友到高雄文化中心玩。接近天黑打算回家時，看見一群人聚集在演講廳外，好奇心驅使下，走過去瞧瞧，發現是有位來自印度的大師「葛印卡先生」在這做為期三天的演講，講題是「戒、定、慧」。

隔天，我獨自去聽了演講，從此和內觀結下了不解之緣。但第一次去上內觀課程是在四年後，那時因緣俱足了，才有機會請假十天，而且「佛學研讀班」也畢業了。

報名前曾去電內觀中心詢問課程細節。接電話的師兄聲音很好聽，自然流露出他的平靜、安詳、慈悲、誠懇。當時我已在貿易公司任職二十年之久了，工作大部分得和國外代理商、進出口商、銀行、船運公司、保險公司、報關行電話聯繫，對聲音特別敏感，總覺得電話溝通比面對面還能瞭解對

方更多。那次和該師兄講電話令我法喜充滿，暗想原來修內觀會變成這樣啊！不禁心嚮往之！

真正計畫上內觀課程前，才知一天須打坐十二小時，為期十天。為了怕完成不了課程，我先報名某寺廟的初級禪修班，為期兩個月，每週一次，一次兩小時。我老闆也躍躍欲試，我便分享內觀十日課內容給他，於是我們開始各自每晚打坐，為內觀做準備。

那時對禪修一知半解，誤以為禪修就是要先練腿功。我們每天都互相報告昨晚坐了幾分鐘，不久後，兩人都卡在五十分鐘，無法再加長了。最後，我提議讓我先去上課試試吧！老闆感動於我的勇氣，就給我十天特別假去上課。後來，老闆也採取行動，親自去上了很多次內觀課。

在第一次課程中，第一天的晨間打坐從凌晨四點半到六點半，出乎意料的，我居然可以輕鬆打坐兩小時。應該是共修的力量和禪堂的氛圍，以及學到方法的緣故吧？這經驗給了我極大的鼓舞和信心，每晚的開示更讓我心開意解，令我多年身心的困頓與困惑一舉消融，可謂法喜充滿。

第二次上課感受到冰凍的心開始融解

和先生認識前，他買了一間預售屋，結果成了爛尾樓。他在進退兩難的情況下，花好幾年舉債償清房款，婚後我將所有存款拿出來幫忙還債還不夠。最終我們錢沒了，房子也沒

了，只留一堆債務。以我們微薄的薪水，還要負擔撫養小孩、孝養雙方父母、家庭開銷，當時總覺得債務一輩子都還不清。

婚後的財務、精神壓力大到令我不禁懷疑人生有何意義，但看著小生命的誕生，又對神奇奧妙、不可思議的生命油生敬畏。然而，再看看自己的生命那麼困頓糾結，現實障礙又嚴酷到似乎不餘一絲喘息空間，內心除了苦，還是苦……。

直到透過內觀修練，才讓我清楚看到，為減輕絕望痛苦，心已經被我自己冰凍起來。第二次內觀課程，我感受到冰凍的心開始慢慢融解。我看見人生的意義，以及生命的曙光，內心開始湧現感恩之情。葛印卡老師說，要以無私的服務來償還得法的恩情。我深深認同，開始期待能有機會去中心服務。

那時我常在假日去當法工，也渴望有更多時間為法服務。不久後，不可思議的事情發生了，也因此扭轉了我的命運。

我是老闆的業務助理，有天他說我太老實單純，做生意不會討價還價，也可能因為按月領死薪水、賺多少和我無關，所以才不太積極幫公司打算。因此，他決定讓我分紅公司營收毛利的 5%，期許我做生意會開竅些。當年我立即收到一大筆紅利和獎金，一舉還清債務外，還能存些錢。先生正好五十歲也自軍中退休，有了一筆退休金又開始領月退，可供一家四口生活無虞。就這樣，我順利在四十四歲時離開職場，如願全心為法服務。

在離開職場的最初幾年，我擔任過內觀董事會的秘書，也做過課程董事，在辦公室服務。當時法工奇缺，辦公室僅只二人輪值。每個月我都會服務一期，然後待到下一期開課後再離開。很神奇的是，我發現先生不但沒表示反對，還很支持這種安排，常問我哪天去內觀中心，以便幫我準備好高速公路的票券。原來，唯有我不在家時，讀高中的兒子為了生活費才願意和他互動，幾年下來，父子終於進一步建立起感情。

在密集服務了超過四年後，我五十歲時被任命為助理老師。葛印卡老師說過，這是我們從修習內觀得到利益而感恩圖報的一個機會。這是一個嚴肅的承諾，我們要承擔的責任是：保持方法的純淨，俱足慈心地指引前來請教的人；過正法的生活，作別人的榜樣。雖然挑戰很大，但我願意嘗試，畢竟是利人利己的為法服務。

感恩法復甦我活力，讓我看見生命的珍貴殊勝；也感恩年輕時的生活折磨，讓我體會生命苦的本質，堅定走上認識並實踐「苦、集、滅、道」的修行之路。

原來就是這個

劉　真

跟內觀的因緣，要從 2001 年說起。當時幾位朋友想在農場上成立淨化土地、淨化人心的基金會，所有發起人開會時都必須靜坐。農場主人教的靜坐方式，我學不來，另一位發起人曾上過兩次內觀靜坐課，覺得受益匪淺，鼓勵我也去試試，我才想起也曾在雷久南身心靈養生營上聽過雷博士分享內觀修行經驗。

我隨即打電話報名，但前後打了一年都無人接聽。不知道為什麼，即使這樣也沒讓我放棄，後來證明自己這傻勁是值得的，也才知道內觀中心沒任何一位職員，所有課程事務都是靠每期不同的法工義務護持才得以運轉，而法工每日仍須參加三節團體靜坐共修，應該是我打電話的時間偏巧都沒人值班。

很高興終於成功報名，然而，報到前一天，考驗來了──公司的替手同事意外燙傷，住進加護病房。這意味著，十日課前後共十二天內，公司沒人處理業務，可能因此錯失許多訂單。但當時我鐵了心，就算公司因而倒閉，也要去上課。

幸運的是，如同課程開示中提到，烏巴慶老師上完內觀後回公部門上班，沒被降級反而升官了，我第十天領到手機接到的第一通電話，不是公司倒閉消息，而是一份意外的大訂單。

凡與「解脫」無關的都毋須理會

開課前，收到新社法昇內觀中心寄來學員規範，其中禁語、禁閱讀書寫對我都不成問題，只對四點起床有點擔心。報到時看到公布欄、餐位、床鋪的安排，立即顛覆以前參加一些成長課程的印象。一般都會佈置得美輪美奐以吸睛，也講究燈光氣氛，但這裡一律簡單務實，多餘裝飾一概全無。餐位不是面壁，就是對著曬衣區，或排排同向而坐、只看到別人的背。總之，學員不對面而坐就不會有任何互相交流的機會，也沒任何佈置來引人分心。光是這樣素樸的安排已讓我眼睛一亮、暗自佩服。開課後，更明白以上安排的用心，都為了幫助學員把習慣向外發散的注意力收攝回來、安放在自己身上。正如葛印卡老師在開示中所說的，在課程期間連行動時也不要四處張望，而是時時「眼睛向下」，就像只獨自一人在禪修一般。

至於行為規範、生活作息，原以為是個挑戰，但進入課程後，才發現那些都不成問題；真正的難關反而是乍看以為很簡單的——純粹地觀察呼吸。

前兩天我體驗到各種痠痛昏沉，心下嘀咕著朋友真是莫名其妙，怎會推薦這樣的課？但基於對這朋友的尊敬與信任，仍勉強乖乖練習。錄音帶傳來老師的鼓勵：「再一次開始……你一定會成功的！一定會成功的！」加上每晚的開示，彷彿我心中的每一個疑慮都被老師看穿也說中了，那給了我及時又精準有力的回答，讓我隔天又心甘情願卯足勁繼續努力。

我認真遵照技法指導專注練習，幾乎每個可以請益的時間都去請教助理老師，直到完成課程離營日當天還追著老師問問題，生怕有任何一點誤會偏差。老師總直截了當對我說，不管經驗到什麼，凡與「解脫」無關的都毋須理會，心跑掉了就拉回來、再拉回來，疼痛到受不了就微調姿勢、再微調姿勢，就是這麼單純地「客觀覺察」並「保持平等心」而已。

老師交給了我們五粒「法的種子」

雖然因腰椎宿疾，起初打坐時不但無法挺直，還痛到像骨頭被反摺，但我下決心練習只是如實接受當下情況，並一點點微調到越來越能坐得端正，後來疼痛真的就像老師說的，越來越干擾不了我，甚至後來有一天，疼痛似乎突然消融了。

隨著每天認真練習及聆聽開示，我對內觀的信心不斷增強，之前對靜坐的種種虛無想像，一片片鬆脫消除。內觀課程所傳授的「法」，完全遵照佛陀教示，不增不減；就連學員行為規範、作息安排、每日告示牌……等等一切課程規劃設計，

也都不多不少、恰到好處。學員只要守本分、專心用功，其餘一切都有法工打理。我邊上課邊不住讚嘆，葛印卡老師怎麼如此有智慧，能把佛法課程規劃得這麼清楚扼要、又這麼親切平易，讓人人都可實修親證。當下心中升起對佛陀、老師及所有法工們無限的感恩！

課程間最後一次開示，葛印卡老師藉由五粒玉米種子的故事說，他也交給了我們五粒「法的種子」——早晚各一小時靜坐、靜坐完修慈悲觀、睡前醒來時各五分鐘覺知身體感受與無常、每週至少一次共修、每年至少參加一期十日課——勉勵我們要當好園丁，善護禪修幼苗，以期茁壯成法的大樹。我聽了當下就決心切實奉行，離營日當天傍晚回到家就先靜坐。一坐下沒多久，過世不久的父母剎時都來到眼前。雖是父母的身影，但心下還是有點恐懼，便睜眼探看一下再繼續，後來乾脆起身開燈，才能安心坐到一小時結束。

其實在那之前二十多年來，我就常偶爾隱約感覺有黑影逼近，心下一直頗疑惑，那到底是怎麼一回事？第一次去當法工時，有天晚上法工會議時，我就把這問題提出來請問老師。那次帶課的是一位印度老師，他畫了一個立方體，對我及其他所有法工說，每個人內心的恐懼都像這立方體那樣深廣，浮到表面被察覺的，不過是其中的一丁點，唯有願意接受它、勇敢面對它，才能慢慢超越它，直到完全不再恐懼。老師教我不必開燈，就照常觀察呼吸、覺知感受。我按照老師的指示去做，那些影像漸漸不再困擾我，任它們來來去去，我只

顧專心用功。過了一段時間，居然連黑影經驗都消失、不再發生了。

我覺得內觀法實在太殊勝美妙了，所以一方面向公司客戶大力推薦，也以有薪特別假鼓勵員工們去上課，另一方面，只要有空我就進中心當臨時法工，但願課程順利推動，讓更多人蒙受法益。

起初我都在廚房幫忙。那時中心的飲水機不時故障，等候維修人員上山處理往往曠日廢時，因我的專業是經銷科學儀器，對機器較不陌生，所以便自告奮勇試著修理，所幸每次都能排除問題，後來法工們乾脆把我的電話貼在機身上，以便「隨傳隨到」，久而久之，竟被誤會為是那機器的賣家來做「售後服務」，一時在中心傳為笑談。

佩服老師通達周全的大智慧

我不只修飲水機，還曾奉派為小路鋪水泥、攀登水塔抓漏補救……。雖是女生，卻常像男法工般爬上爬下做粗活。我是學電子的，又練拳，還算有些力氣，文書方面的工作我自認不擅長，所以其餘只要大概會做，我都樂於嘗試服務。後來我也曾硬起頭皮練習敲鍵盤打字，那是為了幫中心廚房建立「無我菜單」制度。

最初中心廚房有幾位大廚法工常來服務，每位大廚的拿手料理五花八門，工作習慣也各不相同，那難免造成食材進貨、

經費預算和其他廚房法工配合上的困擾,所以中心從 2012 年起開始研究如何以標準化作業流程來取代舊的大廚制。我參與了這項改革,前後花將近兩年時間,與多位大廚一起研究菜單、撰寫食譜、分配每位廚房法工的職責、制定每項工作標準流程、設計相關配套表單……,到 2014 年,「無我菜單」制度終於開始順利運作。

「無我菜單」制度不是什麼發明,其實只是實踐葛印卡老師老早對中心伙食所做的指示而已。老師曾說:

「課程伙食以價錢適宜、有營養、簡便的素食為要。管理承辦人員必須要記住,內觀這個傳承有它獨特的精神,這獨特的精神也包括伙食策劃,不要參入廚師個人意見……等等任何其它哲學或觀念。無分別的接受中心提供的食物,以發展個人的好德性(pārami),特別是捨離波羅蜜(nekkhamma pārami)。中心要提供足量的、有營養的食物,學員必須在規定的時間內進食,這是修行紀律很重要的一部份。廚房工作人員不可堅持個人的食物喜好及營養觀念。」

透過法工服務經驗,我對老師通達周全的大智慧更加佩服得五體投地!未上內觀課之前,我就對探究身心靈充滿熱誠,曾到處尋道求法、參加各式各樣的成長課程,但總覺得那些都不究竟,而且大半僅止於理論、概念,內心與之並不相應、相契,唯一曾深刻打動我的是克里希那穆提(Jiddu Krishnamurti,1895~1986,印度作家、演說家與思想家)的著作,

我讀了他所有的中文書，對他洞察生命及一切事物本質的非凡高明相當著迷，然而，克里希那穆提是雲端聖人、天才，其境界凡人根本可望而不可及。我就這樣一路走來，直到第一次上了內觀課，整個人被喜悅與感恩之情充滿！原來與那境界合一是有方法的、是有一條明確的路可以切實前進的，原來我一直尋尋覓覓的就是這個！我已別無所求，一切都是自己造作而成，也唯有靠自己才能解脫一切束縛，獲得真正的安詳、真正的快樂。

之後，我再回頭重讀書籍經典，也有了全新的理解與領悟，再經過多次長課程與法工服務的體驗，我決定提前退休，全心全意投入內觀修行。

衷心祝願人人一生中都有機會嘗試內觀法，「法」可以落實於生活，幫助人減輕痛苦，在此生就得利，但唯有給自己一次機會親身來體驗，才能真實了解。

至於上過課的舊生，不妨盡可能抽時間去作法工，無須擔心不會做或做不好，不必想太多，去做就是了。只要守住護持課程的初心，無論如何都會越做越歡喜也越上手。法工服務不僅可報答自己曾被護持學法的恩情，也是將法落實於生活的絕佳試驗機會；此外，可以有更多機會向老師請益、與法友切磋共勉，讓自己的內觀修行之路走得更安穩堅定。

法的禮物請親自拆封

林 菓

內觀法不是短期止痛藥，而是終生的修行，透過每日早晚持續練習，能助人獲得真正的成長。每個人的內觀體驗不盡相同，無須期待與別人經歷一樣的感受。法的禮物請親自拆封。

2013 年，父親癌症第三期，二次復發病程邁入第七年，二十二歲的我因而自大學肄業，加入家庭照護行列，開始與社交圈疏離，放棄所有興趣，也封閉了內心。錯過網路蓬勃發展期，我連上網探索的動力都提不起。

第一次參加十日課程是 2017 年 4 月份，當時我二十六歲，父親生病已邁入第十一年，長期醫院往返、不定時回診、接收病人負面情緒折磨的同時，學著盡可能同理並保持樂觀鼓舞父親。我找不到自己的生存動力，不知該從何鼓舞自己，因此陷入微笑憂鬱，暗自在心裡盤算，等父親臨終便可與他一起離開塵世。我開始將身邊的物品清理轉贈出去，內心浮現久違的輕鬆感。

參加課程以前，正好一位老朋友來訊息關心我的近況，並

提及自己將參加內觀課程，推薦我有機會也去報名。在此之前，我已聽過內觀法，也曾動念報名，但當時內在有個聲音「我想要再追求（慾望）一下」拖住我，而這次再聽到課程消息，感覺非常熟悉親切，覺得自己已準備好了，立刻就完成報名。

內在升起一股力量──我要回去救家人

課程帶給我很大的改變。首要是清理我的肉身慾望，第五日我在禪堂閉目靜坐時，腦海浮現很多畫面，畫面內容來自小學時在書局翻閱的八卦雜誌，以及午夜電視腥羶色的節目，這使我意識到心靈的染污，自此開始消除舊業。這是課程帶給我的第一個震撼體驗。

課程最後兩天，我覺察到心臟後方逐漸加重的疼痛感，彷彿有一把刀，正要穿刺心臟，接著又「看見」一對半人半獸正互相廝殺。我觀察它，只是觀察它，劇烈的疼痛感，很久才消退。晚間下課後，我去向老師請益，老師指導我在內觀法學習尚未成熟前，不要去理會或追求畫面，那只是舊有習性正在清理的「自然過程」。

最後一日則浮現了我哥哥的童年。從小與哥哥關係疏離，我「看見」在我未出生前，哥哥獨自一人的童年，當下我感受到那份孤單，竟哭泣到無法停止，很擔心影響到其他學員，老師與法工們很慈悲，只是靜靜地在我身旁放上整包衛生紙，

沒請我離開禪堂。

課程結束時，內在升起一股前所未有過的力量——我要回去救家人！回家後，我急於分享這份體驗，完全忽略了家人之間長年關係冰冷的現實。他們面對我突來的舉動，滿臉錯愕，不發一語，只有哥哥默默垂淚。我與家人的互動，就從那一刻開始轉變。

同年七月，父親因急性敗血症住進加護病房，陷入昏迷一個半月，我也接連出了些怪事，如連續三四天高燒不退，無法進食且體重急速驟降。而後父親被插管氣切後，先轉入一般病房，再返家靠租借氧氣機維持生命跡象，無限期地等待死亡。這長照新篇讓全家照顧者們再度崩潰，我也準備好再次進入備戰狀態，但這次我開始尋求協助，找尋長照資源及搜集看護約聘資訊。

沉重的經濟負荷使我們家充滿爭吵與負面情緒，我開始勤奮地透過練習內觀法來安頓身心，雖然外在世界混亂不堪，但我卻比以往多出一份安定感，這份安定支持了後來的照顧日子。

在我生病又打算尋短時，很幸運遇到一位內觀師兄，他在關鍵時刻耐心地點醒了我：「除了照顧家人，妳對自己生命的責任呢？」此話一語驚醒夢中人！因師兄積極牽線，各路溫暖的貴人陸續出現，深受感動的我決定留下來。而後，父親奇蹟似地多存活兩年，最後帶著善意與感謝，安詳地告辭人

間，全家人也開始比從前互動更和睦。

這經歷使我對內觀法更生信心，隔年又報名第二次十日課程與三日法工服務。

讚嘆生命的韌性，感謝生命本是奇蹟

第一次當法工打破了我對學員與法工身份的誤解，才了解法工其實也是「學員」，只是透過無私無我的服務來學習「動態的生活禪修」，更體會到有任務在身又要面對嚴峻時間壓力的法工，在非禁語狀態下，要維持正念、正語有多不容易，同時也進一步親身察覺人們的「氣場」是如何微妙地相互影響。三日服務結束時，我深刻明白了什麼是「法喜」。

2018 年第二次十日課程，我在一位老學員身上感受到與母親類似的特質，這使我莫名地不斷於內在升起負面情緒。藉此機會，我從中觀察自己的敵意，意識到那份瞋怒來自於不知如何親近母親，又渴望被愛、被肯定。解禁出關後，我們一聊天得知她剛好與我住在同個城市，她跟我說她沒女兒的遺憾，也分享她個人對我母親的理解，這使我深感安慰，後來我們成了忘年之交，還曾一同去附近的共修處參加一日課。這份際遇使我開始與母親坦誠溝通，還邀母親參加內觀課程，母親於隔年上了十日課，而後精進學佛，積極地參與道場，性情起了很大轉變。

第三次上十日課時，父親已故，家庭關係已經「大躍進」，

我感覺自己似乎沒什麼特別功課要處理了，便抱著平常心進入課程。課程結束前修「慈悲觀」、送「metta」（慈悲愛心）給眾生時，我發送給我無意傷害過的人，請求他們的原諒，也由衷原諒傷害過我的人們。很神奇的是，回家後一陣子，幾位關係僵化多年的對象竟陸續與我開始有了接觸，並展現出與過往不同的氣質。我想，或許是心境有了轉變，看待事物的眼光亦有所不同。

此外，這次遇到一位特別的室友，初見她憔悴的背影，我嚇了一跳，因為那使我想起臥病多年的父親。課程結束後，我主動關心詢問，她回了我一個笑容，開始交換彼此的生命故事，我們一起在房間流著淚讚嘆生命的韌性，感謝生命的本質便是奇蹟。

2022 年底，經歷全球疫情和個人情劫，使我對人間業力的牽扯別有所感，也覺察到自己的脆弱與恐懼是如何地被煽動，我重新學習設定人際關係界線，並且看見原生家庭的教育和語言模式，在我的親密關係產生的種種影響。就在確診之時，我決定遠赴他鄉開啟新生活，並重回內觀課程練習，於是報名了隔年夏季十日課全程法工及四念住課程。

如今我已懂得微笑回頭自問「事情真的是這樣嗎？」

那次我擔任助理事務長，與積極又細心柔軟的事務長共事，讓我收穫很多。每日課程開始前，我倆第一個抵達禪堂，晚

上在老師交代事項後最後離開，必須把握所有零碎的時間休息，無法入睡則保持內觀，能躺平就很好。好歡喜能感受到舊生一起共修的安穩感，課後看到大家滿載而歸的快樂，更覺得服務非常具有價值與意義。

那次我遇到一位學員，直覺她跟我的氣質類似，一聊之下方知年紀輕輕的她也身為照護者多年，並且照護一樣的重病。從同齡女性口中聽到熟悉的醫療術語，竟如久逢知音！

全程法工服務得到最大的收穫是，我終於意識到，其實我最該好好送 metta 的，正是一直以來被我輕忽漠視的自己！

四念住課程跟十日課程大同小異，只是減少兩日，開示還包含「四念住」經文。課程期間，彷彿旁觀自己的「人生跑馬燈」，想起一度決定棄世期間，我所拋下的生命片段，及種種長年煩惱，還看見了沉重失落感的源頭。原來我對別人曾給予的溫暖情義產生執著，當彼此無法常相聚時，我就遺憾、憤怒，進而封閉自我。未能勘破的無明就這樣層層障蔽事實、扭曲感受。當往昔片段一一現前時，我潸潸流下懺悔與悲欣交集的熱淚。

四念住經中提及「八苦」之一為「怨憎會苦」。結束長期伴侶關係時，我帶著很多的傷痛與怨懟離開，而後，曾夢到一對原本合作同行的老少僧侶不歡而散。在聽開示當下，我突然明白了，所有相遇皆非偶然，因而我學習著放下。

內觀法時時刻刻幫助著我，教我接納一切無常變化，當面臨生活風暴而產生劇烈情緒時，我可以有意識地安靜、覺察情緒，並好好陪伴自己的感受。面對大腦的各種喧囂雜音，如今我已懂得微笑回頭自問：「事情真的是這樣嗎？」

　　四念住課程結束後，我開始認真固定平日早晚課練習，逐漸體認到，修行是條長遠的道路。希望小小經驗分享能為內觀同學們帶來信心，在法的道路上繼續精進前行。

正法指引走上解脱之道

龐琨瑢

多年以前，父親意外離世。一股無盡感念的悲傷，讓我人生第一次走進寺廟接觸佛教，尋找出家法師，為父親做超度法會。

但因種種因緣，未能如願。

父親的去世，讓年輕的我第一次刻骨銘心地感悟到：人生無常，做人真苦。整整十八年，無形的憂患和思念，重重疊疊，一直困擾著我苦難的心。

直到 2004 年中秋，朋友推薦我去學習葛印卡老師教導的內觀法。沒想到，在十天課程結束後竟發現，那撕扯了我十八年的思念淒苦，化作一股慈悲的力量，由心向父親深深地發出「願您離苦，早日解脫！」的祝願！

這股慈悲的力量，摧毀了內心一團團淒苦的陰霾，心在那一刻的溫暖和安詳，是有生以來從未有的體會和感受。

這就是我要找的，我終於找到了！

內觀，閉目十天的靜坐。一天天、一個個小時不斷地關注自己自然的呼吸，感受著身體層出不窮各種不同的感受。第七天下午共修時，右腿巨大的痛苦折磨再次襲來，心的忍耐力達到極限，似烈火般燃燒的痛苦，幾乎摧垮那一刻的心。這之前，腿順勢就鬆開，讓自己喘口氣。

可這是第七天了，還有幾天課程就結束了，我是佛陀弟子，成天燒香念經，滿世界的寺廟去拜佛，參加各種各樣的大法會，卻連老師要求的一小時堅定地靜坐不動都無法做到，算什麼佛弟子呐？那一刻，慚愧心升起了：「燃燒，那就燒吧，反正死了也要去八寶山火化燒掉，現在就燒吧！」

汗水混著淚水，像散落的珠子劈哩啪啦地往下淌落，呼吸之間，身體堅持不動搖。突然，「咣」的一下，身體「定」那兒了，像冰山壓著腿部巨大的疼痛，似乎被撞碎一樣，「嘩」的一下子從腳下流走。

身體巋然不動，內心一片寂然。忽然，小小的靜修堂，響起了葛印卡老師的唱誦。哦，多美妙的聲音啊！一股慈悲的波動，從頭到腳的灌溉。

第一次內觀十日課程，感受了無常，體驗著身苦，明顯地感覺減少了內心的苦。心裡特別明白：這就是我要找的，我終於找到了！

內觀 Vipassana 是佛陀覺悟解脫之道。探尋純粹的真理，自然的法則。自課程後，生命的解脫，也不再是口頭的說法，而是真正存在的；這種真實的內心感悟，令我不再對外在的宗教儀式有所執著；特別是對死亡的理解，有了真實性的轉變。生命是輪迴的變遷！

第十一天，葛印卡老師對學員有臨別贈言：「每天早晚各一小時的靜坐，每天起床前、入睡前各五分鐘的內觀，每週找師兄姐們共修一次，每年至少回中心一次的上課或服務。」老師說：你能堅持一年，就能堅持一輩子。

好，一輩子，我願意！

回家以後，按照老師的指導，日復一日每天早晚，不管世俗中時間被擠壓到多晚，身體如何疲倦，內心都不忘失老師的囑咐：堅持早晚各一小時的內觀禪修，否則你會錯失一切。心裡也清楚地知道，修習內觀，探尋解脫之道，是我這輩子要走的路。

十種波羅蜜自動呈現，一次次引領我找到解決方案

學習內觀法的第三年，我應聘來到一家全新的國際化公司。來自巴黎、米蘭、倫敦、紐約等全球一線高端奢侈品牌，彙集在北京 CBD（Central Business District 商務中心區）的這家購物中心；由六個國家和地區的股東和高管，共同運作管理。

雖然我在零售業打拚了十幾年，有些商業合資公司和市場經營管理的經驗，但如此多元複雜的人事局面，如此眾多從未經營過的國際奢侈品牌，對我這個「北京老商業」絕對是一個近乎不可能達成的挑戰。

　　內觀是一個實用有效的方法。葛印卡老師說：把法應用在日常生活中，去面對生活的盛衰起伏，是對禪修者是否真正得到法益的真實檢驗。面對困境，按照老師的教導，我試著「保持覺知，保持平等心」地與國外品牌方會談，沒有畏懼、沒有攀附，平靜安詳中一句：「有什麼可以幫你的？我願意為品牌落地中國，提供最符合北京當地的市場策略。」這充滿「自利又利他」的真誠態度和有針對性的解決方案，一次次打破了甲乙方對峙的僵局，贏得了合作最佳資源。

　　國際奢侈品牌大多有著百年，甚至幾百年的歷史，品牌方那種獨有的「優越感」，常常讓合作的談判，無法平和進行。當我不對對方強大的氣場壓迫起反應，客觀地觀察和學習品牌在國際市場的運作成就，嘗試著分離刨析分解其品牌內涵時，其品牌的商業基因似乎也躍然眼前。當看清了品牌之品質、品味、品相、品格的究竟本來樣子的那一刻，品牌的市場經營和發展之道，也自然而然地展現。這是真實的洞見的智慧。

　　在與全球幾百家高端奢侈品牌的合作中，順暢是個別的、短暫的；困難挫折往往層出不窮，令人舉步維艱。面對那些奢侈品巨頭提出的苛刻條款，就像面對身體升起的種種不愉

悅的感受，不對抗不迎合不迴避，保持平等心地與之對話和談判。

每每遇到意想不到的複雜情景，心緒會受到很大的衝擊和影響。「回到呼吸上，回到感受上來」，老師那慈悲的話語都會湧現心頭。哪怕只有片刻覺知，心也會自然地安靜平和下來。

我強烈地感受到，內觀禪修帶來的十種波羅蜜品德的自動呈現，一次次引領我找到對的解決方案，讓會談自然流轉到和諧的氛圍裡。

在貌似平靜高端時尚的商業會談場合，面對艱難的看似不可調和的談判，努力保持平等心地面對、接受、經歷、穿越、放下，讓我有能力對品牌進駐中國給出客觀如實的市場策略，那一刻，「覺知和平等心」這股正法的力量，總是讓會談自然而然地展現出獨有的合乎情理的真實面貌。內觀的力量，一次次地幫我度過難關，贏得了對方的理解和尊重。

短短幾年，公司陡然成為了行業標竿，銷售業績令人矚目，成就行業裡的中國第一；更被國際品牌和媒體譽為「商業奇蹟」、「零售神話」；業界則稱之「改變了與國際品牌合作的格局」；也實現了我「國際時尚零時差，做中國人驕傲、外國人尊敬的零售品牌」的職業理想；而最最令我自己欣慰的是，儘管身處全球高端奢侈品推崇的「高光時刻」，因為心有正法，而沒有讓我迷失於名利榮譽和奢華物質之中。

嚴肅的商務會談變成傳播內觀的道場

「Ms. Pang，是什麼讓妳能夠比我們都懂我們的品牌？妳在國外留學和工作過嗎？幾百家高端時尚的奢侈品牌，妳都要給出市場策略，是怎麼做到既符合品牌特性、新穎獨特，富於創意，還能滿足中國市場消費者需求的？這些非常有效的市場策略，讓我們投資中國市場充滿了信心。」

諸如此類的問題，總如是作答：

「我是北京人，一直在這個城市生活和工作，但工作中有很多機會去世界各地學習和交流零售的經營管理。事實上，工作中常常遇到很多困難，甚至有時感覺幾乎沒辦法了。幸運的是，在幾年前，偶然的機會學到了內觀法。儘管我學習得還很初淺，但對我的工作生活很有幫助，非常受益。

我常試著客觀地向內觀察事物的成因，尊重變化，隨行就市，把中國市場的特點、品牌優勢特徵，還有奢侈品的屬性以及落地中國市場的環境因素，合理地整合在一起，找出對的市場發展策略，就會平衡各方利益，和諧合作。

因為有向內觀察的方法，我更懂得自己能給予什麼，也更知道你們需要我提供什麼；雖然是甲方，照樣可以站在乙方立場，更準確地瞭解和理解品牌。」

「哦，內觀？什麼是內觀？」

「不講話的？你，十天不講話？」

面對國際奢侈品的全球 CEO、亞太或中國區 CEO，抑或品牌家族掌門人、企業創始人、高級經理人等等的好奇提問，嚴肅的商務會談，往往變成自然愉悅地在散播「內觀是佛陀的教導，是使人覺悟的方法」、「內觀是生活的藝術」……等等「正法的種子」。

如是因，如是果；播種什麼，收穫什麼。這是自然的道理。這些人當中，就有人下決心去上內觀課程，開始走向解脫之道。其中，一位中國知名企業家，初次見面聽我講述內觀法後，聞信即受，當即報名，後隨同我參加了一期內觀十日課程。第十天慈悲觀結束一見面，他說：「這個方法太好！我要為內觀做點事。」

雖然我們的生意沒談成，但六年後，這位企業家以一己之力慷慨佈施捐資興建了擁有六千三百五十平米的「北京永清內觀中心」。

中心的籌建，起起落落，幾經波折。

當我順利地達成三階訓練，成為正式的內觀助理老師時，北京永清中心剛好完成全面裝修，而我被內觀地區老師指派到永清中心負責籌備中心開課和園區管理服務。這給了我報答葛印卡老師，表達感恩之心絕佳的機會。

在服務正法園區的時光裡，體會著葛印卡老師「無私的服務」的教導，無數次感悟到正法的指引。無論困難幾何，對法的信心從未改變；「建立一個如法運作的內觀中心，讓更多人來此學習正法，走上解脫之道」的初心，也從未動搖。

願在法中茁壯成長！

願所有的人們解脫所有的苦！

願大家都能享有真正的安詳與快樂！

Metta!

永遠有路可走

許日溪

二○一五年八月，蘇迪勒颱風侵襲台灣，我打電話問住在彰化鄉下的老媽，老家有怎樣嗎？老媽回答，屋頂有一些瓦片被掀起，你要回來做師傅喔！於是我約大哥隔天一起回去修理屋頂。

沒想到，修屋頂時不小心摔下來，當場暈過去，大哥立刻叫救護車送醫急救。我滿頭滿臉都是血，醒來才知道右手腕骨斷了，額頭有一個十公分的傷口，左臉顴骨也斷了三處。

過了幾天，內觀王平三老師打電話要我擔任法邁中心園區董事。我說沒辦法，因為全身是傷，右手還用布吊著固定起來。可是老師說，你不來就沒人做呀！經老師再三鼓勵，我轉念一想：這回沒摔死，難道正是要我去為法服務嗎？於是，就這樣答應了。

回想自己從小劫難不少：放牛遭牛角撞胸、騎三輪車出車禍、從鐵工廠樓上摔下、機器操作意外……，後來改行學作木匠，總算穩定下來，也擁有一技之長，但有一次搬水泥柱閃到腰，從此疼痛相隨，時常痛到兩腳麻木，連醫生都可憐我說：「你只剩半條命啊！」

由於家境困難，國小畢業那年雖然正逢開辦九年國教，儘管我功課不錯，但也不敢肖想升學，十四歲就離鄉背井，到處打工當學徒。

由於手藝不錯又認真勤勞，我二十二歲退伍後，工作收入很不錯，只可惜身體虛弱、到處疼痛，不得不放棄許多機會。

在生存沒保障，生活充滿不安全感的情況下，我努力多學一些本事，這樣萬一做不了木匠，還有別的活路。例如：二十七歲那年去讀國中夜補校，取得國中學歷；後來又去學自動控制工程、水電裝配、開堆高機、開大貨車大卡車……，甚至去學寫書法。到四十歲左右，我已考取大卡車司機執照、甲種及乙種電匠執照……等等。

但那時我感覺身心俱疲，不得不調整工作，於是就憑那些執照，應徵上公家機關的工友，主要負責維護空調系統，以及幫主管開車。

我曾體力不支，暈倒多次，但還是無法放鬆休息。因渴望擺脫身心痛苦，長年到處求醫，還曾拜入某個神壇，但都沒真正解決問題，心裡還是茫茫渺渺、亂糟糟。

把內觀當苦海浮沉的唯一救生圈

在這種情況下，有一天早上，我在辦公室突然看到報紙用一整版介紹「一個有意思的人物」葛印卡，說他因為修「內觀」治好嚴重的偏頭痛，將來台灣演講、開課，教人藉由淨

化自己而真正離苦得樂。

讀了以後，我心怦怦跳，盯著「內觀」兩個字，整個人都被震撼住。

雖然這位葛印卡的說法是我從沒聽過的，但不知為什麼，內心立刻升起一個聲音說：「我一定要去上十日課！這就是我要的！」當天下班時，趕緊把那頁報紙剪下來，為避免弄丟，還影印了十張備份。

因為很難請那麼多假，我把這件大事牢掛心頭好幾年，直到 2002 年 12 月 25 日，才去台中新社上了第一次十日課，去之前還認真在家試坐。

第一次上課就很歡喜聽老師開示，只是我主要都還在苦撐兩條腿和腰痠背痛。那之後，我又跟著一般人瞎混，只貪圖賺錢和享樂，不過仍諸事不順，而每次挫折灰心時，就會動念：「應該再去上十日課了」，好像莫名其妙把內觀當作我在人世苦海浮沉的唯一「救生圈」了。

就這樣過了五年，才去上第二次十日課，不久又報名第三次，但已額滿，所以轉作法工。因為作法工，我才實際了解，一期課程背後有那麼多法工的努力付出，那讓我很驚訝也很感動。

到第三次十日課，我還在跟疼痛坐不住奮戰。但到了第五天，發現女眾前排資深學員中，有一位師姐一天長坐四節，坐下去就不動如山，不像一般學員那樣進進出出休息。她端

正的背影讓我慚愧又敬佩，突然興起「有為者亦若是」的勇氣，告訴自己就算痛到像刀割斷腿，我也不怕、不管。奮鬥到第九天，整個人突然放鬆、癱掉，老師肯定我已突破瞋恨難關，許多業習開始消融了，我也感到非常歡喜。

就這樣，我繼續上了多次課程，包括三十日長課程，也盡可能參加法工服務。在這過程中，從小愛哭的我，不知痛哭過多少次，那些熱淚融化了我一層又一層的心結，讓我終於學會原諒，真實體會到放下的輕鬆和平安。

當初在報紙上遇到葛印卡老師的時候，絕不可能想像有一天自己居然會擔任高雄法邁內觀基金會董事，有機會全心全意為法服務。只能說這一切真是「因緣不可思議」！

心結才是多病多災的根本原因

11 月 20 日去開了第一次董事會。當天從彰化開車往返，感覺非常累，可見身體情況多慘，連這樣的車程都受不了。記得有一次在課程中擔任法工，晚上修慈悲觀時，老師當著所有法工的面感嘆說，許日溪是病懨懨地來當董事的。

第二次開董事會時，辦公室董事請每位董事每年認養三期辦公室法工服務，當然我也不例外。雖然有先去見習，但真正交接上陣，還真的不是那麼一回事。首先要下載報名組寄來的資料，然後匯入固定表格，又要記得幫廚房訂菜，又要設定敲鐘系統，還要處理各種突發狀況……。天啊！我的身

體受不了，必須回家，只好拜託別人來代班。

那天剛好李文雄師兄進中心處理事情，他離開時順便載我去搭火車。回家後，我認為既然答應服務三期，就要守信用，隔年不再答應就好。我想到一個方法，廚房董事去辦公室當法工時，我只要跟他配合一起同時去，由他負責廚房、我只顧辦公室，這樣壓力就減半。所以，接下來廚房董事在辦公室值班時，我也去了。

碰巧李文雄師兄報名該期學員，他安單後來辦公室找我，無意間對我說了一句話：「師兄，你要感激所有的學員，因為他們，你才能來服務。」

聽到這句話，我內心最深的一個瞋恨死結，居然瞬間鬆脫開來！除原諒包容之外，我轉念看到那讓我受苦的一切，其實都是來催促我尋找真正出路的，那是多麼值得感激！我是多麼地幸運！

我感覺自己封閉僵硬了五、六十年的心，第一次整顆開始微笑，全身感覺都在融化、融化。

之後我深深反省到，心結才是多病多災的根本原因。整個心鎖住卡死，氣血不暢，身體當然不可能好，命運也不會順。

這就像有位師姐曾說的，為法服務，波羅蜜會自動找上你。所以我跟王平三老師道謝，感謝他鼓勵我當董事，讓我有機會多作法工，才能打開「心有千千結」。

一切坎坷都是為了把我帶回來內觀

在園區董事任內，我處理過幾項比較重要的工程，大概如下：

有一次聽老師說，法邁中心禪堂的回音嚴重，便決定在完全不停課、不影響課程的前提下，利用兩期課程間的三天空檔施工。

我找了幾家打電話詢價，前兩通一聽在六龜山上，嫌太遠不方便，直接回絕。第三通那家，願意來實地勘察一下。據知，前屆董事也曾找人來看過，對方說要處理禪堂超高天花板，必須先搭鷹架，因此加起來預算至少要二十萬。沒想到第三通電話那家可以不搭鷹架直接施工，而且只收十萬八千元。

全部完工那天，我在回家路上，忍不住一邊開車一邊哭。一方面是，連續幾期利用空檔趕工的壓力整個卸除了，另一方面是，困擾已久的禪堂回音問題終於解決，心裡很高興。後來曾聽一位馬來西亞師姐，讚嘆法邁中心禪堂的氣場非常寧靜安詳，我當下感覺很欣慰。

改善禪堂回音後不久，王老師說辦公室貨櫃屋太老舊，基座都爛了，必須更新、墊高。我找水泥工來做基座、選購貨櫃，還要開門窗、隔間、裝潢，上方再搭防雨鐵架，前後耗費半年才完工。

還有整個園區走道，原先鋪碎石子，但大家覺得不好走，也不便拖行李。我找了幾家來估價，有家建議用青斗石，報價一百五十萬，這遠超過中心預算。經過多方考慮、比較，最後選定連鎖磚，便宜又好施工，也耐用不會裂開。

　　中心每塊錢都來自舊生佈施，絕不能浪費，所以我很注意幫中心省錢。例如，研究太陽能熱水器的設定，讓它只在必要時才自動轉計電加熱，避免沒必要的電費開銷；我還為中心申請改為「住商型時間電價」計費，這樣一年下來可省電費十萬多。

　　我的出身環境、親朋好友和工作領域，都沒人知道內觀。如果不是被痛苦逼到無路可走，不得不轉業去當工友，我可能不會在那天看到那張報紙；如果不是從小窮苦怕了，我不會再去讀補校、再多學些技術，那麼，我就應徵不上那工友的職位，也可能因識字不多而讀不了那張報紙；如果不是有多年工友經驗，對五花八門的工程都有些了解，老師不可能邀我當園區董事。

　　回顧這一路以來的辛苦坎坷，如今我已徹底明白，那都是為了把迷失在世俗裡的我，帶回來內觀解脫道，也是為了充實我為法服務的技能。

　　雖然我已七十歲了，但現在的我，整顆心充滿感恩之情，比年輕時還快樂有活力。我也一點都不害怕無常、死亡，因為內觀已經讓我如實了知，無論如何我都有路可走。

搭乘沒搭上的列車到中心

潘正文

　　〇〇五年我毅然選擇退休時，剛好聽說內觀課程，既然無事一身輕就去報名，哪知課程相當搶手，近期早已滿額，於是只好改赴京都做一次長時間的旅行。

　　在京都約一個月後，又到大阪、和歌山去熊野街道與熊野古道徒步旅行十天。在回京都的火車上偶然看到一則廣告，次日在兵庫縣有宮本武藏初次決鬥五百週年紀念活動。當時心下決定明天一早就從京都搭車去兵庫縣參加吧！誰知次日睡過了發車時間，只好留在旅館裡休息。午餐時間在旅館的餐廳裡邊吃定食邊看電視，新聞快訊播報往兵庫方向的 JR 列車出軌，造成一百零七人死亡的嚴重事故，螢幕中的列車車廂像一層豆腐皮般黏在建築物上面。我拿出筆記本核對一下車次，赫然是我原先預計搭上的那班！這剎時強烈震撼了我，也讓我細思極恐。

　　下午我又上網報名內觀課程，這次跳出來的資訊是可以後補，於是我立即遞交了資料，隔天便接到錄取通知，於是趕緊改機票回台北，簡單收拾行李之後，便在次日前往台中法昇內觀中心報到，參加影響了我後半生的內觀課程。

參加四念住課程時，慢慢看清自己思維習慣的來龍去脈

那次帶課的是王平三老師，中心男眾寮房大致是半通鋪形式，房間頂部連通未隔，夜裡鼾聲如交響樂此起彼落，初夏的蚊蚋還會在「間奏」時來段「小提琴」單弦獨奏，連夜提供新舊生一種叫「忍辱」的「波羅蜜」（pārami，簡言之指的是修行的資糧或功德）。

前三天的觀呼吸練習很快讓我不耐煩，心想再簡單不過的事哪需要練那麼多時間？不過第一天晚上聽到葛印卡老師的開示翻譯錄音，提到「公平對待」，讓我猶如醍醐灌頂，湧現強烈的認同。

其實那只是說明內觀可以公平接納任何宗教、國籍、膚色的人來參加課程，也希望學員能夠給內觀一個公平的機會，暫時捨棄過去曾學過用過的任何方法，在課程期間純粹只練內觀法來實驗看看。為什麼我會因此被觸動？當下答案只如海上一個隱約的小黑點，在後來多次課程與日常練習中，我才慢慢窺得全貌。

奇妙的是，當我被觸動並認同公平對待這點的同時，我莫名堅信內觀就是我要走的唯一道路，過去「蘸醬油式」修練的五花八門方法瞬間被拋諸腦後。我還決定課程結束後要馬上打電話給在美國的死黨，推薦他也參加一次十日課。

第一次參加四念住課程時，我開始對一些心識上的微細火

花有了察覺，慢慢看清自己思維習慣的來龍去脈。原來在原生家庭環境裡，因為兄長肢體上有些障礙，導致我們所分享的愛與勞動比例無法對等，造成我凡事爭強，對雙向的公平正義極度敏感，又刻意遮掩慈悲同情憐憫等情緒，終至成了時而熱血時而無情冷酷的扭曲人格。

遵守戒律、護持戒律，就是在維護法的純正

後來我申請擔任法工服務。我服務的第四、五次十日課程，帶課老師是明迦法師，這兩次我都是擔任事務長。記得有天中午請益時間之前，法師指示我去提醒外國學員不要隨意摘折園區花木。我很訝異法師怎會知道這位學員摘花木呢？我一直留意學員們的舉止與紀律，怎麼我沒發覺呢？法師笑著說，那學員摘了花是放在男眾通往禪堂的小徑圍籬外，目的是給圍籬這邊他一起來上課的妻子看到他的愛與想念，而我在結界之內活動，沒到女眾區，看不到是正常的。

當時內觀課程在台灣已經非常有名，許多實業或社會宗教團體都派成員以上課為名來學習管理營運模式，這些成員往往在課程半途就會藉口離開，也不大遵守課程戒律與規範。我之前的工作就是以嚴守紀律著名，所以很容易察覺那些違反規範的行為，身為事務長必須回報所見實況給老師。那些不遵守規定的學員在屢勸不聽後，會被請離中心，當然也難免對事務長頗有微詞。

我父親曾因政治事件被判刑入獄，導致後半生失意潦倒，與前半生的風光判若雲泥，也因此我家的庭訓是：凡事勿湊熱鬧，不要跟著一窩蜂。這也間接導致我在職場上與同儕常格格不入，大家集體違法犯紀被揭發處分時，總是很容易懷疑我就是那個「抓耙子」。因此，晚上法工會議時，老師每提到離退學員的抱怨時，總觸動我脆弱的情感神經。後來我去大陸發展人生下半場，當時大陸只有南禪寺一處開辦內觀課程，網路報名幾乎是一開放就瞬間額滿，要按計畫每年一次課程一次服務，變得有些困難，以致我停頓了上課及服務十年之久。

直到 2018 年，工作告一段落，又上網看看大陸內觀的官網，赫然發現多出不少中心，就近的就有四川都江堰中心，於是立刻報名上課，那次帶課的是張日亮神父和蕭集智老師。課程後同寢室師兄聊到在成都有不少依止明迦法師的內觀兄弟，因此機緣我又和明迦法師聯繫上，返台時候總會去拜訪她。2024 年返台大選投票，本來也要去，但法師身體違和婉拒了拜訪，等回到了重慶不久，卻接到法師圓寂的消息，從此未能再獲教誨指導，殊為遺憾。

明迦法師學習了內觀之後便一心修行與傳授，她曾對我說，你不必因為向老師彙報違規學員而自責障礙他人求法，而是要思維，為什麼老師要你擔任事務長？又為什麼這些學員在犯戒違規時恰恰就被你看見？戒律就是戒律，沒有模糊地帶，本著慈心服務，如實遵守戒律、護持戒律，就是在維護法的

純正，人護法，法護人，就是這麼簡單清楚。每當你開始考慮打擦邊球，想便宜行事的時候，就應當警覺，一隻腳已跨過戒律紅線了。

雖然當年我沒能很清楚的應對自己心理層面上的衝擊，但對於法師在戒律上給的啟示，我是牢牢記住，也希望自己能確實遵行，並且把這觀點更廣泛推動。在此合掌感激法師的教誨。

能堅持每日早晚練習，才能真正夯實基礎

2019 年初，我參加了法昇中心的四念住課程。距離上次在法昇中心上課倏忽已過十年，那次的帶課老師原本安排明迦法師，但因為身體因素，改由潘法然老師帶課。課程結束後，我才知道當年七月這中心就要打掉重建。莫非冥冥中安排我回來對第一次上課的中心做最後的巡禮？

看著中心牆柱上因颱風大水倒灌淹水的水漬痕跡，高達胸部，據說當時男眾寮房的床鋪都被沖得不知去向，這也是中心每年在颱風季的困擾，重建迫在眉睫。記得在颱風過後，都需要大量法工來整理園區，園區隔壁是水梨果園，果農同樣心酸收拾殘局，有時我們會越過圍籬去幫忙，鄰居也會餽贈一些略微損傷的水果來答謝，十足的台灣人情味。

回顧自己上課的歷程，老實說，頭幾年只是靜坐的時間從分秒難耐進步到可安坐一兩小時，如此而已，至於究竟覺知

到些什麼？還是非常懵懂。直到上四念住時，老師曾建議我身體放輕鬆點，不需要保持直挺挺。我不覺得自己身體僵硬，但老師會這麼建議，必然有她的觀察，於是我嘗試放鬆身體，之後在覺知力上，體會到很大的突破。

每日早晚的練習是非常重要的，有些同修或許認為得儘快去上長課程才有長足的進步，起初我也是這樣想，但明迦法師曾打了個比方說，長課程雖有些要求門檻，但那絕非像「購物集點」，即便閉關九十天、一百廿天，也不意味著已修行透徹；相反的，能堅持每日早晚練習，才能真正夯實基礎。禪修帶給我們的不僅僅是「充電」那麼簡單，還可能是一種「重組」（如果還記得開示說我們都只是「一堆泡泡」）、一種「歸零」。

若可能在住家附近找到共修點的話，定期共修與一日課都很有助益。越是堅持每日練習的法友，我個人感覺越是需要常放下俗務去參加共修，把我們帳戶上的「電」分享給那些需要的同修，如此一來，捨離、精進、佈施，一舉收穫三種波羅蜜呢！

願我小小經驗與體悟能令他人獲益，願一切眾生都在法中成長精進。

解脫舊模式練習新生活

羅美蓉

最初聽聞內觀是我在大學擔任助理時，主管請我協助上網報名十日課程。

參加內觀課程之前，主管右腳腳傷隱隱作痛，走路一跛一跛，課程結束後，腳不痛了，走路也正常了。當時二十幾歲的我，只是好奇「靜坐十天能治好腳」？其餘的興趣不大。

那年暑假，上大學的妹妹對未來深感迷茫，問我怎麼做選擇，我隨口答道：「要不要去內觀？去山上靜一靜，說不定會有想法。」糊里糊塗把老師說的課程推薦給妹妹，殊不知妹妹莫名其妙就去報名，也順利錄取了。

課程結束後，和妹妹約在火車站。十日不見，妹妹的眼神變得清澈，宛若天仙下凡。我問感覺如何？她說，大概第三天她就開始在心裡罵我，為什麼要她參加這種課程？我無言以對。她接著說，課程結束後，覺得身體變輕盈，狀態也不錯，雖然對未來發展仍無想法，但整個人放鬆了。

之後，我繼續埋頭工作、轉換跑道，經歷了數個月熬夜，以及排山倒海的壓力……，身體被逼到極限，頭痛、臉色發

黃、濕疹⋯⋯各種毛病層出不窮。某天加班時，不自覺脫口說了一句：「好想去內觀喔！」連年終獎金都毫不眷戀，只想盡快去上課。

過去曾經和朋友提到內觀，多數人都覺得十天不能說話、滑手機，真是太痛苦了！但我卻覺得可以不用和人交談，也不需要聽別人說話，可安靜度過十天，實在是一大快樂解脫！

這輕鬆一點的感受支撐我願意繼續試試看

我的第一次十日課程在六龜法邁中心。之前我從沒觸過靜坐、禪修等活動，身為基督教徒多少也有些顧慮，不過在課程簡介中提到，內觀無關任何宗教組織或宗派，我就姑且一試。

課程一開始播放錄音檔，聽到唱誦時，我立刻懷疑那是什麼咒語？在唸什麼？是宗教儀式嗎？唱誦完老師才解釋，那只是為了增進靜坐時的氣氛，內容也是關於智慧的話語。我懵懵懂懂，但想說既來之則安之，如果有收穫很好，沒收穫就當作休假十天也不錯！抱著得過且過的心態，以為橫豎可休息十天，混到結束日就精神奕奕地離營，哪知實況完全打翻我的如意算盤。

課程前三天練習觀息法，光只是觀察呼吸就讓我坐立難安。雖然課程有指示，找個自己覺得舒適的姿勢坐著即可，但無論怎麼坐，都只覺得背痛、頭痛、腰痛、腳痛，才剛進入狀

況觀察呼吸，又再次陷入疼痛掙扎。整整三天都在身上的痛楚和觀察呼吸之間來回拉扯，一度受不了「折磨」，冒出離營的念頭。

那幾天夜裡一直作夢，一個晚上五、六個夢，有時是天馬行空的夢，有時內容好像和過去的事情有關。作夢的過程感覺身體疼痛，但清醒後，身心卻彷彿輕鬆一點。就是這輕鬆一點的感受，支撐我願意繼續待下去試試看。

老師提到，練習觀息法是為了讓自己的心，變得如同「手術刀」一樣鋒利，到第四天學習內觀法時，就能對內心深處做「一個深入的開刀手術」。隨著練習的深入，心真的變得越來越敏銳，但全身疼痛也因而更鮮明。就在心下又開始嘀咕觀息太難時，轉念一想，如果連這十天都不能面對，那離營之後，又要如何面對更龐大複雜的辛苦呢？覺悟到這點，我開始下定決心繼續用功。

到了第四天內觀日，從觀察呼吸轉為觀察身上感受。起初全身都是堅硬、粗重的感受，如同石頭一般，想試著挺直背部，但因脊椎側彎又有點駝背，盤也盤不好，坐也坐不直。在這種狀態下，還要依課程指示，保持平等心，以及每日三個時段堅決一小時不動，感覺骨頭都快散了，一起身手腳總顫抖不止。

同時保持覺知和平等心，是另一項困難的功課。我有喜歡和不喜歡的人事物，甚至對自己也有許多價值評斷，例如「我

必須擔任的角色」、「我應該符合某人的期望」，或是「我認為他人應符合我的期望」等等思路，無形中已成枷鎖，那讓我習慣戴著有色眼鏡去看待一切，難以純然客觀觀察。內觀時，不只有身上的感受浮現，心裡也冒發許多念頭、想法、情緒，如果一直在其中打轉，就沒法專注於身上的感受，也無法活在當下。

似乎卸下重擔初嘗深刻的快樂安詳

某次靜坐中，突然浮現一個畫面：母親孤零零站著，用無助的眼神盯著我。母親曾因思覺失調症發病而失控癲狂，她認為她必須是好媽媽、好女兒、好妻子，母親應疼惜她，丈夫應真誠鍾愛她，孩子應成為她的驕傲，但她總覺得不夠，並被親人所傷，因此逃避到自己的幻想世界，無法自拔。

母親的束縛和壓力似乎也加在了我身上，我經常莫名生病，查不出病因，情緒容易陷入負面。為擺脫痛苦，我讀了許多身心健康書籍，因而學習了許多知識，調整了價值觀，甚至還自以為是地教育弟弟、妹妹；但是，那些大多停留用頭腦理解、用意志力撐持的層面，當我自以為變得較好時，捫心自省發現也不過是想逃離自己認為不好的生活，強迫自己迎合他人期望，這樣的模式根本上和母親又有何區別？

覺察到自己延續著原生家庭的模式後，十分感傷，正惆悵時，課程音檔傳來了提醒：「發展對自己的感受保持平等心的

能力……」，驚覺繼續在情緒裡打轉也只是白白流失時間，不如回到觀察感受上，發展覺知與平等心才是當前要事。

若將客觀地觀察身上的感受這方法應用在生活上，大概就是在生起負面情緒時，盡快自覺並抽離、如客觀看著他人的情緒一般。這必須非常有信心和耐心，持續反覆練習，才能擺脫長久的煩惱糾結，放鬆身心，讓靜坐越來越專注安定。

課程到了末尾，我感覺似乎卸下幾噸重擔，初嘗到深刻的快樂、安詳。

法工以各種日常服務和同事磨合為禪堂

數次十日課後，我去參加了法工服務。每位法工都是內觀舊生，他們本著護持其他人上課的慈悲心來作義工服務。服務過程中，會遇到來自不同年齡、專業領域或社會階層的法工，大家一起工作生活，和共修每日三節的靜坐課，以及每晚的慈悲觀練習。

跟學員一樣，發展覺知、平等心與慈悲心也是法工最重要的功課，只是學員專心在禪堂修練，而法工則以各種日常服務和同事磨合為禪堂，那更接近離營後的現實生活，提供的是不一樣的修行檢驗與挑戰。

有一次被安排作環保法工，服務內容是清潔浴廁、倒垃圾、掃拖地及擦拭桌椅等。聽說曾有人對自己被分配到做環保而

不滿，但也有人最想做的就是環保工作，因為覺得在打掃過程中，內心的不淨雜染好像也清淨了。當學員時，我覺得有人整理好環境讓我能舒適地上課，真是幸福啊！當環保法工時，我想我一定也要給學員這樣的幸福。

又一次擔任廚房法工，要煮八十人份的飯菜，這是我前所未有的體驗。廚房工作「水深火熱」，冬天凌晨清洗蔬果、夏天正午翻炒大鍋菜，這樣的辛苦卻絲毫不減法工們一心要讓學員享用佳餚的熱情。廚房法工中不乏專業大廚和資深媽媽們，她們總有創意能用簡單的食材變出不同的美味。在廚房服務不知不覺也學到許多做菜秘訣，不過老師提醒，「法味」更重要。法味是懷著慈悲心、在和諧氣氛下烹飪出來的味道。原來內觀中心餐點總那麼好吃，除了食材當令天然外，真正的秘訣是佐以法味。

內觀如今已是我生活的一部分，就像每天的兩餐或三餐。每次參加課程或是服務，總有新的發現，收穫源源不絕。願眾生都能從內觀課程中得到法益，願大家快樂、安詳、解脫！

在病房照見死亡與人生模式

蔡雅雯

學習內觀後，我時常慶幸在剛出社會工作時，經歷的緊張焦慮和不安，因為，那正是我遇到內觀的契機。

大學畢業後，我被分配到臨終病房工作。

臨終病房的病人一般都是癌症末期，醫護人員工作的重點是減輕身體上的痛苦不適，以及給予病人和家屬心理和心靈上的支持。剛開始工作能力和效率都還沒建立，就要立刻處理生死問題，我每天都力不從心，壓力大到只要第二天要上班，無論如何就是睡不著。

如是熬了快一季才慢慢適應，但因而意識到自己心理素質不好，容易緊張和失眠。為此我開始閱讀一些身心靈書籍和視頻，但看得多了卻發現，道理都懂，就是做不到。

後來轉到了別的病房，目睹病人種種入院原因。有因工地施工吵雜心情不好、又剛好和兒子吵架，憤而吞沐浴乳的婦女；有和我一樣年齡，卻已自殺過兩次，這次是第三度自殺入院的年輕媽媽；有末期腎衰竭又因糖尿病而截肢，但家人不捨得放手，要求一定要搶救的老太太……。

那時我常想，每個人之所以成長為我們現在見到的這個人，跟每個人的自由意志，其實沒有多大關係，就好像我失眠時很想睡卻睡不著一樣。

人生發展也許早被生理基因、原生家庭、兒時教養、社會文化背景決定了？人的思維和反應模式一經建立，之後只不過隨著不同的際遇，反覆以同樣的模式輪迴不休；就像一個個電燈，按下這個按鈕就亮紅燈，按下那個就亮綠燈，當按鈕被按下時，燈無法決定不亮；也像在路上行駛的汽車，有駕駛員坐在駕駛座握著方向盤，就以為駕駛者可以隨意轉彎、前進或後退，殊不知那更像已預設程式的自動駕駛，不由自主地沿公路奔向終點。

這輩子就要開始受益

隨著工作經驗增加，遇見各式各樣的病人，有家庭旅行途中感染腦膜炎、在加護病房一個多月仍撒手人寰的壯年男子；有活過一百歲但長期臥床，一直喊叫「讓我死！讓我死！」的老太太；有如常出門買菜，卻遭車撞倒、必須動手術的老人家……。

望著這些病人，我知道他們都曾青春活躍；同時也知道，我一樣也有衰老的一天，也可能躺在病床上，卻什麼也不能做，只能忍受著身心痛苦折磨，分分秒秒枯等死亡到來，或是還年輕就遭遇意外不測，驟失不想失去的東西。那時，我該如何自處？怎樣可以讓自己到時好過一點？我苦無答案。

就在這樣的背景和心境下，我認識了內觀。

第一次十日課程中的前幾天非常難熬，每天都在胡思亂想，到後來才漸漸比較安定。雖然想法念頭依然像潑猴亂跳，卻篤定知道內觀真真實實可以幫助我，不管有沒有下輩子，這輩子就要從練習內觀開始受益。

練習內觀對我來說就像在練習全然包容自己，真正地陪伴自己、愛自己。我陸續地上了第二、三次課程，每次都有新的發現與領悟，自覺一次次明顯進步。

一切都是會過去的

後來我也開始為十日課作法工服務。我覺得上十日課當學生，好比在課堂上學游泳，每天十小時不斷實習游泳，晚上老師的開示如同在講解游泳相關理論；而法工服務好像在偶有小小風浪的池塘裡練習游泳；至於把內觀用於日常生活，則如同跳進時而平靜時而波濤洶湧的大海裡游泳。

在大海裡游泳？不，起初那不是游泳，只是慌亂的掙扎，奮力想抓取什麼來讓自己安心。如今則是，風平浪靜時，享受安寧的當下，知道那只是因緣聚合的暫時現象；有時風浪稍大，心情也會起起伏伏，讓我害怕焦慮、習慣性地想逃，不過已不再手足無措，也不再盲目掙扎，因為心中有了燈塔，也學會了游泳，我知道那只是業習反應，如實觀察就好，就只是如實觀察，一切因緣聚合皆無常、都是會過去的。

每天的觀呼吸和如實觀察身體感受，令我無始以來被反覆加固的心思迴路和反應模式開始弱化，汽車駕駛可以慢慢取回控制汽車的權力，自己把握住了方向盤。

　　日子一天天的過去，每當驚覺時間飛逝的時候，我都很感恩自己的生活中有內觀。我知道內觀不會幫我搬走道路上的石頭、填平地上的坑洞，但卻讓我變得和平穩定且柔軟機敏，可以清楚覺知石頭和坑洞，並且懂得如何平安通過石頭和坑洞，甚至不再視石頭和坑為障礙。

　　感恩佛陀，感恩老師，感恩兩千五百年來維持教法純淨的同修們。祝願同修們早日證果。

那年夏天遇見法

牧　童

八月下旬，南台灣還是豔陽高溫的日子。高雄仁武小丘陵上有座不起眼的寺廟——古嚴寺，如果不刻意觀察，一定想不到此刻靜悄悄的寺院禪堂裡，端坐著近百人，正在面對自己的身心世界，接受正法的「洗禮」。

那是 1995 年，欣逢內觀十日課程第二次在台灣開課的殊勝因緣，我有幸也坐在禪堂裡，感受正法的喜悅。

我讀過心理學，卻在課程間發現：內觀才是能真正解決心理困擾的良方。為追求心靈成長，輾轉於各道場尋尋覓覓二十幾年，至此喜悅終於在心中升起，猶如發現偉大寶藏。深深讚嘆這是一個兼具理論與實際、圓滿究竟的法門。

十日課結束，我開著車離開中心，感覺臀部好似裝上彈簧，隨著車行晃動震盪著，跟來時坐著的感受有巨大差異，心中更充滿乘風歸去的逍遙自在，那是前所未有的經驗。而後每次上完課回去，同事都說我的臉很亮，綻放著光彩。

2009 年從職場退休，在法邁中心擔任慈悲日法工，正式把

生活重心擺在護法服務。每次慈悲日，開著車、迎著破曉晨風，洋溢著喜悅，一趟六十幾公里路程絲毫不覺遙遠，只感到自己是一個幸福的人。踏入中心大門，幽靜典雅的建築，薰染著山村大自然的風味，在遠山的襯托下，散發著正法平等、純淨的波動。回想過去未建此中心前，到處借用寺廟、學校克難開課，如今有完善的場地，能使更多人受益，讓正法欣欣向榮，又有另一種喜悅與讚嘆，在心頭迴盪。

法工生涯見證歷練成長

十三年法工生涯，見證來自全台及世界各地的許多法工，在正法中歷練成長的點點滴滴，除了讚嘆還是讚嘆，除了感動還是感動。有位師兄一年有七個月進中心服務；炎夏裡在爐火旁揮動鏟子、滿臉通紅的廚房法工，得照顧不同口味食量，還要順應當令季節變換食材，在避免份量不足與絕不浪費中，取得微妙的平衡；豔陽下，爬上屋頂清洗太陽能儲水桶的園區董事；從頭顧到腳、內外兼修、十八般武藝俱全的大總管——辦公室法工；默默在幕後依循法令及戒律處理帳務的會計、財務……。在中心每個角落、從法工每個動作，護持正法的無私無求，歷歷在目；法工們也從護法中不斷成長，得到無我、平等心的法益。

法工在服務中，覺知著每一個動作的感受，覺知著心念的變化，不執取外境人、事、物，一如坐在禪堂覺知著身受心法四念處，努力實踐「生活即修行、修行即生活」。

曾經，有位法工遇到家人反對他來當法工的障礙。我跟他分享自己的看法：不要抗爭，而是讓家人真實感受您在正法中成長的利益，展現在他們的面前，走入他們的生活，讓他們感受到您對法的敬重與無求，給予他們真摯的關懷、溫暖的愛。結果是，其家人也從反對者轉變成了優秀的正法護持者。

曾經，有師姐因照顧長輩問題而困擾。我也以自己為例作分享：我每月要付兩個外籍看護的薪水，陪侍開刀住院也都是我的事。每天還要跟看護一起幫老人家做運動三次，歷經十四年，看護從兩人變一人，安老任務目前仍持續中。我跟孩子說，照顧長者要把自己當作他們唯一的孩子，責無旁貸。分財產時，老人家幾乎都要留給我們，但我跟同修卻對長輩說：「孩子的孝心都一樣，不是他們不願照顧陪伴，而是他們要工作養家、照顧孫子。請平等對待，日後兄弟姊妹才能和諧相處，這才是留給孩子們最好的財富。」而今一家人能和樂融融，歸功於正法引領的智慧抉擇。生活品質不是取決於錢財外物，從法的觀點，抱怨瞋恨之心將使雙方未來在無限相續的生命裡苦苦糾纏。聽了我的故事，慢慢地，她也放下了。在一次參加三十日課後，興奮地跟我說：「放下的感覺好輕鬆！有法，真好！」

還有一位師兄，伴侶不願支持他參加長課程，原因竟是政治立場不同。我勸他：「從今天開始，您試著跟她一起做她在做的家事，真心實意地關懷。至於政治的事，用穩定平靜的

心傾聽就好，不要搧風點火。任何有關她的事，都認真對待，參與她的喜怒哀樂，不打馬虎眼。擺脫芝麻綠豆煩惱瑣事，才是正法追求者該走的路。」後來，看他笑咪咪參加了兩次長課程，一面為他歡喜讚嘆，一面也再次看到正法不可思議的力量。

開心農場培育慈悲平等

剛退休時，利用照顧長輩的空檔，在屋旁土地開闢開心農場，標榜有機種植。一開始，玉米種下去，螞蟻就招朋引伴來搬運；小苗剛冒出頭，斑鳩、蝸牛就興奮地來聚餐開派對；幸運成長到半尺高，蝴蝶立刻翩翩飛舞大力產卵，蝴蝶寶寶狼吞虎嚥、一個個吃得胖嘟嘟；好不容易終於通過層層劫難、小有成果，老鼠趕來享受消夜了……。

這叫人開心不起來的農場，正嚴厲考驗著我的平等心、慈悲心。後來仔細觀察再轉念一想，我不愁吃穿，比小動物們幸福，牠們為求果腹，甘冒性命危險，戰戰兢兢。禪坐結束時，不是要修慈悲觀嗎？「願眾生都能獲得真正的快樂、真正的快樂」，牠們不就是眾生之一？牠們吃剩的，可不就是真正有機、且純粹是大自然風貌的美食嗎？師兄姐們聽我這麼說，都開玩笑說要搬來當我鄰居了。

台北孫子回來常哭鬧著不回去了，長大一點後，則每次都紅著眼道別。孩子、孫子都喜歡這個自然純樸、接納許多小

動物共同生活的老家，看著伯伯、叔叔、阿姨們愉快地交談著，他們也能真正放鬆跑跳、無憂戲耍。孫子們還小不知道，他們的阿公、阿嬤、爸爸、媽媽都是內觀舊生，快樂的秘密其實藏在他們內心之中。朋友來訪，也都是真切的笑臉，內觀師兄師姐來了，更有一份正法的喜悅。

如果有人問我這輩子最幸運的是什麼事？我會說：「1995年8月，參加了內觀十日課程。」

如果又問為什麼？我會說：「因為追隨法的引領，孩子能獨當一面、關心體貼，孫子活潑快樂，兄弟姊妹互扶持關照，朋友真誠交心，我還有了在正法道路上同行精進的良師益友。」

沒有機巧、算計，輕鬆光明寬坦的心，時時刻刻都與您同在。但願不只是您，不只是我，而是所有的您、我、他都能完全開發此心。

邁出萬里長征第一步

普　化

人活在塵世其實很苦。生老病死、愛恨離別、求不得的苦、得到終將失去的苦、與生俱來對死亡的恐懼……，苦伴隨一生，不由自主。人們多數不敢面對苦而選擇逃避，用不同方式來自我麻醉，不曾真正瞭解過自己。

2003 年 10 月，「四十而充滿困惑」的我，一次偶然的機緣，聽說內觀對憂鬱症這樣的心理問題有所幫助，抱著姑且一試的心理闖入了內觀大門。

報到當天，老師審慎評估我的狀況後，明確告知暫停服用憂鬱症藥物。課程間放下一切外緣，反觀感受、起心動念，並時時保持覺知，保持平等心。十天裡完全過著出家人的生活，過午不食、禁語、每天超過十個小時的靜坐，禪修強度可想而知。

用一句話來形容那十天—— 每分每秒都在「天堂與地獄」中煎熬。時而針刺般的疼痛恐懼；時而是內在塊壘消融的舒暢愉悅。不知下個片刻會發生什麼？我惶恐狂亂到第六天，決定逃離中心。

帶課的蕭集智老師安靜誠懇地對我說：「人死時，身體四大元素地水火風崩解，就如你今天一樣痛苦，若能夠現在就學會如何面對，人生還有什麼好怕的？能堅持下去，生命品質就會改變並且提升！」我望著老師，靜靜地頓了一會兒。老師的激勵、前世的種福及今生的認真要強，讓我轉念決心留下來。

看到光明，了知後半生從此改變

十天中，既品嘗了「輕安」的喜悅，也勇敢地面對和接受了憂鬱的升起滅去。記得第八天下午五點三十分，煎熬著挺過近兩小時後，剎那間，我獨自在禪堂痛哭失聲，長年積壓的情緒一下被釋放了，千言萬語無法形容那心境，其中有戰勝病苦的喜悅，也有對內觀法及佛陀深深的感恩。心力增強了，信心找回了，像剛打完一場無聲無息的勝仗，人也癱倒了，什麼時候在禪堂睡著了也不知道。

課程最後一天修慈悲觀，當葛印卡老師的唱頌漸行漸遠時，我看到了人生的光明，明白了人生的目標。我了知後半生從此改變了，也突然領悟到，連自身感受都是那樣不由自主地變化無常，為什麼還要對一個曾許下諾言卻失信的人耿耿於懷呢？世上本無永恆，還執著什麼？恩恩怨怨剎時煙消雲散了。

十天換來親身體驗無常的智慧，及當下就獲得的平安，這是再多金錢也買不到的。除了留下回家路費，我把隨身所有的錢全數捐出，只希望有更多人能來上課。

回去以後，生平第一次學會了給人道歉，第一次給需要幫助的陌生人送上溫暖，第一次從認為全是別人的不對，轉為公平客觀看待自己的過錯。伴隨著這些難得的第一次，身心都發生變化，也輕鬆放下了許多外緣，比從前開朗、健康、自在，還能把快樂帶給別人。

隨著修行點點深入，對一切自然法則的敬畏心也加強了，明白想在修行道路上穩健前進，就得格外小心持守戒律。而後，我把所有的假期都給了內觀。十日課程上了十多次，還修了四念住，二十日課程上了兩次。

唯有用功，才能報答成全修行的人

第一次上課體悟無常變化的智慧，給我的生活帶來了質變及諸多益處，但第二次內觀，卻感受到了深深的苦。身體疼痛比第一次更強烈，簡直無法忍受。我心想這舊有的業（一種造作、執著）還這麼多，何時才能了生死？老師的開示適時給了我當頭棒喝：「一般貪的只是看得見的東西，你貪的是那看不見的，貪心更大，平等心早忘失了。」

第一次修四念住，明顯地感到平等心增強，學會了「享受疼痛」。接受了疼痛之後，也就不那麼痛了，因為那時就只剩身在痛；而當愉悅的感受升起時，提醒自己不要貪，儘管有時仍有兩個「我」在爭鬥。接下來的幾次十日課程，心都比較安穩，每天就只是吃飯、禪修、睡覺，夜夜觀息入睡，睡得香甜。禪坐時沒有昏沉、雜念，沒有什麼風暴來襲，別人

也干擾不了我。唯獨每次仍被胃痛糾纏，不得不吃藥。

2007 年 10 月，我對第一次上二十日長課程充滿信心，提前來到南禪寺住下。在得到老師的允許下，我可以參加前一期十日課的共修，其餘時間一人悄悄在小禪房用功。二十日課程間，就在我欣慰自己的修行已穩健上路，想取得更大進步時，沒想到在最後七、八天時，「我見」、「我慢」等更深層的業習風暴來襲，因貪求結果，使得自己再度丟掉平等心，失去了方向。

我不知如何是好，還想像往常一樣，以觀呼吸來平穩自己，但沒有用。外界聲響動作不時惹惱我，晚上的開示也沒聽進多少。我越努力，心越抗爭慌亂。當老師問我是否還未做好上長課程的準備、仍在「玩感受遊戲」時，我倔強地回答：「我能過，我一定能過。」

之後分秒都在掙扎艱困中，直到結束前的第三天清早，當葛印卡老師充滿悲憫的唱誦再次響起時，我被融化了，心一下就安頓下來，四周一片祥和寧靜，我深深沐浴其中。我明白自己終於挺過來，我又哭了！我懷著感恩的心修慈悲觀，回向給佛陀、葛印卡老師、助理老師、法工及眾生，一人在禪堂待了很久。

如果說十日課體會到的是身苦，這一次則是心苦。這一次，信心還差點被「自我」擊敗。因而也讓我意識到，自己多生累劫以來的業習及不淨雜染還有很多；更深刻感受到修行的

挑戰，同時由衷地敬佩老師們，體會到他們已歷練過三十日、四十五日、六十日課程、甚至更長的課程，真是不容易！

雖然我挺過來了，可怎麼也高興不起來，還有些傷感，回家後很長一段時間都沉浸在這樣的傷感之中。感激南禪寺當家師普利法師、慈慧法師、還有為我們買菜燒飯的曉華、曉曼，她們途經上海，讓我有機會款待她們，以表達一份感恩之情，與她們的相處很開心，她們把慈悲溫暖帶給了我，讓我心中的憂傷也一掃而光。她們無私地接應眾生，籌資建設，只為給學員創造一個好的禪修環境，再大壓力都默默扛著，再大困難都堅持克服。寺院的善款都是靠十方信眾結緣而來，唯有好好用功修行、好好做人，才能報答成全我們修行內觀的所有人。

每個人都活在六道輪迴中

上完最近一次的十日內觀課程，我重新審視自己，發覺修行次數並不代表什麼，那早已成為了過去。這一次解禁語後，新生們看到我靜靜地端坐在那兒，都如我過去一樣帶著好奇，總想探聽點什麼特殊捷徑和經驗，我感到慚愧，無言以對。晚上只好遠離大家，獨自一人清靜。

其實修行的路漫長又艱辛，因為一個人的習氣是多麼的根深柢固和不易覺察，你不知什麼時候內心的風暴會到來，而來臨時，卻要即刻提起勇敢面對的信心和勇氣。就在最近一次課程的第三天，我就差點想逃離。

那時我反覆自問：我選擇什麼？人生的苦客觀存在，逃避只逃得了一時，卻逃不了一世，而且只會苦上加苦，我曾經歷過憂鬱之苦不就是這樣嗎？修行是為了超越一切苦，面對它、接受它、放下它、終至超越它，如實地活在當下……。然後，突然驚覺心念被拉走好遠好遠，當下的功課除了覺知感受，其餘都是妄念糾纏。

一切又從零開始，耐心自然地安住於當下，觀察感受和呼吸。接下來幾天，心安住了，最後三天一上坐，淚水不由自主默默流淌，我觀察它，就只是觀察它，任萬般心緒來來去去，埋藏在意識深層的東西漸漸浮現、消散，慈、悲、喜、捨一點點增強。

看到自己所謂的「善」後面還有「不善」時，體會到修心是多麼深邃的功課；也領悟到，當看到別人的不善，其實是自己內心不善的投影反射。雖然覺知力敏銳了，但如果沒有平等心作基礎，隨時都會被拉回舊有的習性模式，再次被無明牽制。

我也體會到，禪修時貪圖得到什麼，只會導致疑惑和掉悔，唯一要做的只是，老實觀察並保持平等心。正如葛印卡老師反覆強調的：身心呈現的任何感受都不重要，重要的是你面對感受的態度、你的平等心是否在進步。

每個人時時刻刻都活在「六道輪迴」中，心被貪瞋癡掌控便是地獄，放下解脫則上天堂。相信每個人早晚都會踏上解脫道，幸運的是，萬里長征我已邁出第一步。

一條清淨的解脫道

蔣玉紅

二〇一四年十二月下旬某一天，臨睡之前翻看了一下公眾號文章，其中有位資深新聞調查記者剛更新了一篇文章，提到剛去丹東雙靈寺內觀中心參加了一期十日課程。文章客觀敘述課程中經歷的整個過程，沒有任何主觀評判。看完就想著這個不錯，無關宗教信仰、沒有儀式儀軌，可以去嘗試一下。

第二天醒來，想找這篇文章再看看，卻發現已被平台刪除了。記得文章中寫的是「葛印卡內觀」，就在百度上搜索了一下，認真的看了課程簡介、行為規範和作息時間，感覺很好，但近期課程都報名額滿了，後來有時間就上網查看，看到 2015 年 4 月 15 日那期的丹東中心還有候補名額，就在網上提交了報名申請，很幸運地被正式錄取了。

受家庭影響，我從不信教，對社會上一些身心靈活動熱潮，也從來沒有過興趣，不理解怎麼有人愛拜廟、上教堂，和各路神靈做「商業式」的信仰交易。但到四十歲時，心裡不時浮現「生命的意義、真相是什麼」這樣的問題。我一直都喜歡閱讀，對一些哲學、宗教和心理學類的書籍都有涉獵，也

不斷更新改變自己的視野和認知，但對於怎樣更深刻的認識自己、了知生命實相，仍一直沒找到具體方法。

看到內觀課程簡介，說內觀是學習如其本然觀察事物，藉著客觀地觀察身體的感受，來根除內心的不淨雜染，來增長對自我的洞察，從而體悟生命的實相。這簡單的介紹吸引了我。

十五日按規定時間到達丹東中心，在中心門口拍了一張照片，發了朋友圈，不知為何寫下了：「因緣俱足，從這裡開始。」這句話好像預言一樣，真的從此開啟了我的內觀之旅，開始了不一樣的生活。

完全顛覆了以前對身心的認知

從課程第零天的晚上開始，一直到課程結束，身體上的感受就是渾身上下都疼痛，當時以為是因為不習慣睡硬板床所致的。好在報名時認真瞭解了行為規範和作息時間，在心裡下了決心，既然來學習，在課程中一定要遵守所有的規定和作息時間，所以心很安穩。

雖然第一天上午觀呼吸的練習，身體上就有一些奇妙且強烈的感受，也沒覺得好奇和難忍，一直盡力按照方法指導來練習，認真地聆聽每天開示。在白天的練習中，心裡會產生很多問題，葛印卡老師在晚上的開示總能及時給予回應和解釋。晚上睡不著時就躺著練習，感覺比在禪堂坐著練習更輕鬆。雖然每天睡眠很少，但人一直很精神。

十天時間過得很快，課程結束時，完全顛覆了以前對身心的認知。回家後按照葛印卡老師所指導的方法練習，也閱讀了一些關於佛法和禪修的書籍，對內觀有了粗淺的認知，清楚地知道自己會繼續在這條路上探索。

2016 年 1 月 1 日，去長汀南禪寺內觀中心參加了第二次內觀課程。在課程的第八天，清晰地體驗到感受的生滅，生起了對無常的了知，突然間在心裡放下了媽媽去世後近二十年的時間裡，把自己困住的情結，也放下了困擾自己多年的一段情感糾葛。隨之而來的是靜坐時的寂靜，過後內心生起一種喜，這清明和喜悅在課程之後也一直持續著。

以前為應酬，經常喝點酒，也頗享受微醺的感覺，課程結束後，竟沒半點想喝酒的欲望，從此滴酒未沾。正如葛印卡老師開示中說的：「戒定慧三者相輔相成」，當開始品嘗到法的滋味，有了內在的喜樂時，世間的欲樂就沒了誘惑力。這次課程之後，回到家開始調整自己的生活重心，徹底結束了工作上的事情，慢慢遠離了絕大部分的社交應酬，開始更認真持戒，持續不間斷地練習靜坐。

2016 年 5 月，去北京白雲閣內觀中心，參加了第一次法工服務，擔任助理事務長。課程中辦公室安排每天聽葛印卡老師的法工開示，有時間還閱讀《為了大眾的利益》這本書。課程中法工們和諧地合作無間，課程結束時，看到學員們為有所成長變化而歡喜，我也體會到法喜充滿。

此後開始持續地服務和上課，隨著不斷的修習，對身心實相的體驗和對法的認知也一點點深入，葛印卡老師一樣的開示，每次聽來都會有些許不同的、更深一些的理解，覺知力和平等心也在提高，對生命有了更深刻的洞察，身心都有很大的改變，越來越開放、自在、喜悅。

身邊親友對這種改變很認可也很支持，讓我修習內觀一路順利，迄今沒遇到任何障礙。

對所有的相遇由衷升起珍重

2017 年 10 月，去丹東雙靈寺內觀中心，參加了第一次二十日課程。隨著更深入的練習，發現自身很多習性，對佛陀教導的理解和信心也進一步增強。此時覺得自己這才真正起步而已。

2018 年 6 月，在丹東上了第一次三十日課程，課程結束後，留下來服務下一期的四十五日課程，擔任廚房幫廚。那時丹東中心 A 區和 B 區同時開課，兩邊共兩百多人，固定幫廚只有四個人，工作量很大，好在我們四個法工，雖然在家基本都不幹家務，但大家在一起很和諧，互相協助，每天累到看到床就想躺下，但心很歡喜。四十五日法工改變我很多的習性，體會到自己動手幹活的快樂。

2019 年 12 月，去泰國上了第一次四十五日課程。2020 年 2 月初，課程結束，打開手機，才知道國內新冠疫情嚴重，

無法回國。華裔陳師兄夫婦得知情況，熱情邀請我們一行八人到他家去住，又和泰國的林師姐一起協助我們辦理了延期滯留手續。他們安靜美麗的住家，讓我們在疫情蔓延的恐慌時期，有了一段安逸寧靜的山居生活。感恩法！感恩他們的慷慨和友情。三月初，我們都很順利回到家。

2020 至 2022 年，各地內觀中心仍嚴格遵守當地疫情管控政策，陸續開了一些課程，讓很多內觀學員在疫情的恐慌和焦慮中，能找到一個安住身心的地方。

2020 年 10 月底，在青島中心服務了三十日課程，2021 年上半年，相繼在青島內觀中心服務二十日課程，以及一些十日課程。2021 年 6 月，開始接受助理老師的受訓學習，2021 年 10 月，在青島中心上了第二次的四十五日課程。2022 年 8 月，完成了助理老師的受訓學習。而後疫情管控政策更加嚴屬，各地中心都暫停了課程。

2023 年 3 月，各地中心陸續恢復開課。我開始在各中心帶課服務，服務中，自己也不斷在法中成長，開始真正的理解身邊每一個人，沒有好壞、對錯，都只是沉淪在不同的業力習氣中受苦。萬事萬物聚散生滅都是因緣，也無是非。因緣不可思議，轉瞬即逝，無常迅速，因而對所有的相遇由衷升起一份溫柔、真誠和珍重。

通過內觀的修習，得到因體驗實相而來的清明和智慧，能讓自己從所有業習中出離，也才能更好地服務他人。梳理九

年來的內觀之旅，越發覺得自己的幸運。無論是前世的因緣還是福報，走上內觀這條路，身心才真正覺得安定，它是筆直、愉悅、向上昇華、生機滿滿的一條道路。

我會一直走在這條清淨的解脫道上，時時懷抱希望，但一無所求。

出入「人生諸癮勒戒所」

夏　子

　　那是多年前第二次去內觀十日課後所寫的一篇小文章。我戲稱內觀課程為「人生諸癮勒戒所」，期勉自己一去再去，直到戒斷所有癮頭，從人生種種纏縛中出離。文章主題設定在調侃自己對文字上癮的痴狂。

　　而後，我真的一去再去過多次十日課，包括幾次長課程，但如今回頭再看當年寫下的文字，別有所感之餘，也不禁失笑。笑自己光說得起勁，並沒真想和文字癮一刀兩斷；事實上，後來我仍繼續從事文字工作快三十年。

　　從某個角度來說，內觀課程提供學員一個暫時與世隔絕、唯獨和自己深度相處的機會，「人生諸癮勒戒所」是不錯的比喻，但顯然當時的我尚未發現，諸癮一如海深，文字癮不過是海面潮汐而已。想的、說的、做的各自為政，被「三頭馬車」操弄不休的心行，以及標示自我優越特殊的需要，和莫名渴愛他人的肯定讚賞，更是人生深沉的暗癮。

　　那篇小文章算是個人內觀旅行的「里程紀念碑」，若能有助讀者提起探索一下自己裡裡外外、大大小小諸癮的興趣，那就多少有點意思了。

　　以下就是那篇小文章：

日前參加了一個十日禪修課程。這課程完全免費，教導的是佛陀純粹的內觀法門——藉身體實修以實際「體會」苦、空、無常、無我的方法。

課程很酷，前後十二天，每天四點起床就開始七節靜坐直到晚上九點，純素食且過午不食（新生可用水果、米漿），還全面嚴格禁語，包括任何的比手畫腳、眼神表情溝通都不行，當然也必須和關房外的世界完全斷絕，禁止打任何電話。

這些對我來說都是「小 cake」，平常我就不是很愛說話、吃得又少又清淡，而且正樂得有此機會從家庭工作兩頭奔忙的生活中徹底來個「break」。

真正困難的是，課程要求學員十日間完全不得讀書寫字。

這些要求是為了把外在干擾與依賴減到最低，藉此機會練習從日常各種盲目的習性反應中出離解脫。我完全認同領受，但明白歸明白，要實踐可是艱難重重。

過去第一次參加課程時，大概正新鮮好奇，並沒特別感到這「禁令」有什麼礙到我的，但後來禁止讀寫造成的束縛與荒疏感，和內在急欲脫逃這些感受的焦躁漸漸浮顯，我的考驗才開始。

我習慣每晚寫日記，這下沒得寫了，那種難受就像妝沒卸、背包沒放就上床睡覺。因工作關係，我每天心神差不多都混在文字堆裡，現在也沒得讀，等於是一種「精神斷食」，斷食

一天、兩天、十天，怎不渾身虛脫？

世上最值得讀的一本書就是你的身體

我「發作」的情形是這樣的：不自覺地搜括四周文字，就算有意識地克制自己不要再讀，但仍拴不住眼角餘光；即便把能讀的字都讀到倒背如流，還是一讀再讀，像貪吃的小孩把糖蜜仔細含在嘴裡，甚至捨不得一口吞下甜汁。

我的「糖蜜」有餐廳牆上的「請勿浪費食物」、「果皮請棄置在外面垃圾桶」；茶水台塑膠袋包上的「正港黑糖」、「薑母粉」；浴廁間的「沐浴時請將衛生紙盒蓋蓋上，謝謝」、「各位師姐請將您使用過的衛生棉紙用回收紙包妥完善再行丟棄，謝謝您，祝快樂」；抽水馬桶上的「超級省王，省水省電看得見，小便拉這邊，大便拉這邊」。

特別是每天傍晚洗澡，蹲在無法張平手臂的小小浴室裡，抱著一堆同學們放置的清潔用品「大快朵頤」時，我幾乎聽到每個細胞歡唱的旋律！這個是「蕺草涼性洗面乳」、「天然鹽洗面乳」、「減肥海藻香沐浴乳」，那個「×××沐浴精湛藍活膚是專為神采奕奕的您所設計的，除了含有十三種珍貴草木植物精華及礦物質，特別加強七葉栗與百里香成分，幫助您調理肌膚，產品中特有的天然花草香及自然萃取成分更能舒緩您緊張的神經……」，好耶好耶，「口感」滑溜！還有那個也頗有「嚼勁」──「森林派沐浴乳含天然保濕因子、小麥胚芽水解蛋白及親膚性氨基酸……」。

偶爾「迴光返照」，猛然慚愧自己這種「猥瑣」行徑，但我仍忍不住到處搜刮文字。事後當然不免懊悔一番，告誡自己下次「眼饞」一起，就要「觀察呼吸、觀察內在升起的感受」，並且「不起任何反應」，但好難，十之八九，我又敗了。

好吧，我只能練習以「平等心」承認我已經深中「字癮」、是個瘋癲的「嗜字狂」。但同時，我突然對商人們如何「字誘」女性同胞有了點覺悟，只是並不敢保證下次逛街讀到各色美妝香氛用品說明書時，荷包可以「如如不動」。

這毛病當然也發作在課程之間。例如，聽到葛印卡老師說：世上最值得讀的一本書就是你的身體，一個人若博覽群書，卻不知如何讀自己的身體，那也是枉然。我心裡便響起一陣掌聲，叫嚷著：「好！有詩意！佳句、佳句！」然後這句話便以閃電的速度「翻譯」成文字字樣，定格在腦海中；還有，我打坐時的分心走意，也有大半是忙於為諸般體會「命名」兼「加註」、「比喻」。

在課程中學到，內觀法是一種透過觀察自己的身體以了解自己實況的方法，我們是以身體上的感受來知道身體的存在，因此儘管閉著眼睛，我們仍能憑感受知道五官皮膚四肢，甚至內在各種組織結構；從另一方面來看，任何一種心緒意念產生的同時，身體也必定有相應的感受伴隨而生。

一般人總放任感受燃燒，直到釀成火災才慌忙想逃離「火宅」，內觀法教人練習專注於觀察身體內外的感受，透過全然

地「袖手旁觀」、不為感受的火花添加任何柴薪，以使種種感受一一自行熄滅。

經驗老到的修行者能在感受生起、甚至蓄勢待發的瞬間，就清楚覺察，不會放縱感受引爆一連串身心言行習慣反應，任野火燎原才狼狽找滅火器。

身體和宇宙都只是許多細微波動的聚散組合

我實在太讚嘆這種對人心的洞察了，好啦，一屁股坐下去，一會兒多年前讀過的禪話來叩門：「只管餵貓、不管老鼠」，對對對、就是這樣；一會兒，一名無聊的文字勞工爬到窗口搭訕：「喔？老師說『阿羅漢』巴利文原意是殺死所有敵人的人？有意思！那可以再加一句說，阿羅漢殺死的敵人不在外面，而在內心深處。咦？用『外面』好呢？還是『外界』？……」

什麼跟什麼嘛，快快回頭是岸，呼吸、呼吸、觀呼吸。好不容易又把注意力拉回身上來了，氣息自鼻孔出入，入息微涼、出息微溫，看我再把注意力自頭頂一吋吋掃描全身終至腳底，然後又從腳底返回頭頂，「身體和整個宇宙都只是許多細微波動的聚散組合，其實並無堅固的實質」……。

嗯，好像真有那麼點味道，就像我此刻這穿透背脊骨的感受叫什麼來著，二十五度冷氣？細管裡的沙流？按摩師的推勁？不準確、不準確，這感受該怎麼說好呢？

哦哦，天啊，作文部隊像廚餘桶上成群蒼蠅，又密密麻麻包抄過來了！

就這麼提起自責、放下自責，折騰到慈悲日解禁那天早餐過後，我立刻拔腿飛奔到車上取出筆記本，然後在樹下振筆疾書，滿滿是對此行「照見」自己「文字業障」的感激與懺悔，不知埋頭寫了多久才滿足地吸一大口氣，正欣喜如釋重負之際，警鈴大作，突擊臨檢駕到──狂舞的小子，還說戒斷了、沒吸毒？手上那是什麼？

後來，我把上課笑話說給一些朋友聽，不知道是人家怕我修養不好會惱羞翻臉，還是怎麼的，總之，我隨即也收到許多同情的回饋：大家都安慰我，沒關係啦，他們也有各種莫名其妙的癮頭，如不斷追逐舒服更舒服的癮，需要感覺高人一等的癮，好為人師一手包辦的癮、用情緒勒索他人的癮、裝無辜和煩惱難分難捨的癮⋯⋯。

想想，我還是決定乖乖打坐，下回有空仍要再去參加十日課──我的「人生諸癮勒戒所」。

法味

在服務中，演練提醒覺知與
保持平等心，品嘗真實法味；

在慈悲觀裡，完全原諒自己，
並與世界和解；

在無私無我的寂靜處，
推動法輪，不停歇。

如實如法必有康莊大道

紀　星

那天下午，南台灣豔陽高照，正在辦公室擔任法工的我，在門口目送一位 part-time 廚房法工離開。

這位二十多歲的師姐纖瘦嬌小，卻揹著巨大的登山背包，穿過觀因寺前方巷弄，一群野狗夾路狂吠。她有些受驚，猛然倒退了兩步，回頭看到有人還望著她、對她揮手示意「不要緊，儘管走吧」，於是又怯生生舉步向前。就這樣走走停停好幾回，直到轉進大馬路，她好像鬆了一口氣，高舉雙手遙遙振臂揮別後，旋即消失於我的視線。

那一刻，我仰天深呼吸，內心湧溢祝福，願她前程如晴空光明開闊，願她人生如寺前滿樹鳳凰花美好燦爛。

可能我們很快就記不得彼此姓名，連容貌也忘了，甚且這可能是這生唯一一次交會，此去人海茫茫，再不相逢。畢竟全世界有數百個內觀中心，課程一期接一期，法工來來去去，無一回組合相同，能再次剛好同時同地上課或當法工的機率微乎其微。

然而，她甘願暫拋一切、默默來無償護持別人求法的一腔

善良熱情，以及為追尋真理、扛起背包獨向天涯的那番瀟灑勇敢，不管何時何地，都讓我由衷感到親切。

那熱情與勇敢堪稱「內觀人」的特質嗎？

說「內觀人」可能未必恰當。全球內觀中心的經營一貫謹守戒律、平淡低調，從沒設計任何學員聯誼組織或休閒活動，上課與服務期間大部分時候都禁語，與時下修練團體那種積極營造「一家親」的認同感、歸屬感大異其趣；而且，內觀中心無固定職員，董事會成員也是任期制、純義務法工，每期老師與學員法工都是隨機組合而成，中心在課程期間有嚴格結界，人員不能隨便進出，即使是兩期課程間的休園日，要進園區打掃整頓也得經申請核准（且絕不可一男一女留宿）。於此前提下，在內觀中心很難形成什麼小團體、家族意識，因而或許說不上什麼「內觀人」，只是接觸久了，不知不覺有了共通的「內觀氣味」吧？

帶著「破釜沉舟」的決志去上課

許多人接觸內觀是因為遭逢難關，但我第一次上課時，工作家庭都欣欣向榮，還享受著初為人母的喜悅。

那時有位留學美國的朋友來信，提到美國有種禪修課程，十天完全禁語閉關，單純靜坐，相較於當時台灣正風行的寺院禪七佛七嚴格許多。我莫名大感興趣，但那時還沒網路，四處打聽不到台灣是否也有開課。說也神奇，隔不久竟無意

間在一位朋友那兒聽到嘉義香光寺曾請印度老師為僧眾開「內觀十日課」的消息。就是那課程嗎？我馬上循線追查，居然正是朋友說的「Goenka 先生」傳授的禪修課程，更巧的是，一週後就要在高雄阿蓮的觀音精舍舉辦課程。

我隨即報名，一面緊急向公司請假，一面快速安排母親來照顧小孩，一心一意前往。到了精舍才知道，帶課的是「葛印卡」、即 Goenka 先生指派的助理老師，來自美國，助理老師只是播放葛印卡的開示錄音帶（最初中文翻譯版本是女聲、一位俞燕老師錄製的），和在特定時段檢查學習進度、回答學員問題，並不在課堂上講話；而精舍本身也與總部在印度的內觀組織無關，只是一群上過課的「舊生」發心到處借場地辦課，時而寺廟，時而學校、修道院……，辦一場是一場。當時台灣尚無內觀中心基金會，就這樣克難式地隨機開課，後來才在許多舊生的贊助支持下，先後成立台中新社法昇內觀中心、高雄六龜法邁內觀中心。

記得當時觀音精舍環境清簡，在寺外空地用竹竿撐開大塑膠布權充餐廳與廚房，中間拉條紅塑膠繩就是男女界線；寢室是一大間空房，一人分一塊榻榻米，睡覺時平放在分配好的地板位置就是專屬床位，起床時則掀起來靠牆；寥寥幾間公共浴室分早晨中午傍晚三時段，學員必須嚴守各自被排定的使用時間。儘管如此，當時帶著「破釜沉舟」的決志去上課，我毫不在意環境，每天都覺得充實快樂。

第一次十日課後，過去對宗教、靈修團體和各種成長療癒工作坊的興致頓時煙消雲散，但談不上對內觀法有多深刻的了悟，只是內觀強調無權威無依賴、不迎不拒，以科學態度誠實獨修，不把修行當作另一款社交活動，或累積另一種世俗成就，這些正好都是個人欣賞的作風。

多年後，因法邁中心擴建暫停使用，中心租用改名為觀因寺的觀音精舍原址來開課。我幾度去當法工，共修時坐在禪堂最後方，不禁憶起當年三十出頭的我，坐的是女眾最末排，前面都是舊生或比我年長不少的，轉眼近三十年歲月匆匆流逝，一樣的禪堂迎來不一樣的新生代求道者，而且變成二三十歲的占多數，看到她們年紀輕輕就能把握機會探索自己，我為她們歡喜讚嘆。

上十日課必須完整空出十二天，暫時切斷所有聯繫，這對誰來說都不容易；透過法工服務接觸許多學員後，更知道能來上十日課、且順利完成課程，需要很多善緣俱足才行，其實相當難得。

葛印卡老師說「瘋狂小狗」的故事

曾擔任報名組法工，打電話跟一位新生確認是否參加，對方興奮地說一定會，因為這是他第六度報名，之前不是沒報上，就是報上了卻臨時有事取消。聽得我也不禁雀躍不已，然而，開課前三天，我又打電話給他，因為強颱警報，課程取消了。他「啊」了好長一聲，哀嘆自己是否「福報不夠」？

也曾遇過一位阿嬤，說她為上課已等六年，把兩名孫子都帶到能送幼稚園那一天，便毅然決然報名。

在辦公室服務時，也看到有些學員很想完成課程，奈何因急事而半途離營；有些明明無事卻因操煩家人、或無法擺平自己，執意中止課程。

念著學員們各自排除無數障礙才能來共修，這是他們人生中極其珍重的十天，作為法工的每一刻因而更顯得意義非凡；但同時也記起葛印卡老師說的「瘋狂小狗」的故事：

有隻走在牛車下的小狗老是這麼想：「我扛著整輛牛車呢！商人看重的那兩頭牛不過是背著牛軛，而我卻扛著整輛牛車的重量！」老師提醒法工不該有那隻小狗的想法，而應了解一切是正法的運作，我們有一個很棒的庇護所，在正法的庇護下真好！

那麼法工如何把握正確的服務呢？

老師說，最重要的是，懷著無私的愛心慈悲。法工必須不斷自我檢查，因為自我主義總會不時突襲，當它來襲時，一個人會把成就、聲譽看得比服務重要，這樣的心態可能極微細隱晦、不易察覺，所以也極其危險。

和她之間的小插曲徹底喚醒了我

有一次我擔任事務長，有位新生總在共修時進出禪堂，甚

至還不只一次。依工作指南，事務長必須跟隨查看，於是我跟著進進出出，就這樣過了幾天。有天下午共修，在她第三次出去坐在廊下用手搧風時，我悄悄遞了張紙條，紙條上寫的大意是，上課機會珍貴，請她共修時要盡可能留在禪堂用功。我沒有不耐煩情緒，也自以為滿懷友善好意，又細心用字條，沒說話打擾她。不料晚上法工會議時，老師提到她哭著說要離營，因為身體不舒服，卻被事務長當作不知珍惜機會又不用功的學員，這剎時引爆她從小老遭人誤會冤枉的委屈怨恨，根本待不下去了。

這讓我驚詫愧疚極了，跟老師說明天早餐後我會去道歉，並解釋沒怪她不用功，請她繼續留下來。老師說已開導她此風暴正是內觀禪修的好機會，相信她會回心轉意，要我如常服務，毋須對她重提此事。還好她沒走，順利圓滿了她的第一次十日課。

課程結束後不久，我就忘了她的名字和模樣，但和她之間的小插曲，卻徹底喚醒了我，並且迴繞至今。

我才發現，即使表面上沒用批判性的語言文字，但我們應對人事的方式本身，不知不覺間早已蘸滿主觀意識的醬料，生活中要簡單準確、純粹無染地說一句話、採取一個行動，毫不拖泥帶水、節外生枝，其實是非常不容易的。以這事來說，我只要提醒她記得共修時間不要離開禪堂的規定就行了，什麼珍惜、用功都是雜質贅語，真的難免讓對方聽了可能敏感到被人批判不珍惜不用功；甚且連提醒共修規矩也不必，

開課前已講解行為規範，再提醒也好像認定人家不懂規矩似的。作為積極照顧學員的事務長，我可能應更有愛心地表示，已注意到她頻頻進出，不知有何難處，請問她是否有什麼事是我可以幫助的？

從服務中得到的省思領悟不亞於課程

由於課程緊湊，法工一樣得參加每日三節共修，時間壓力很大，因而彼此間難免偶有衝突摩擦。對此，老師說首先必須認真誠懇了解對方的想法，然後清楚表達不同意見，如果對方不接受，那麼過些時候再次禮貌謙遜地說明自己的顧慮，通常這樣就夠了，在特別情況下，才提出來討論三次，但絕不超過三次，否則不管自己的想法多正確，同一個意見提出超過三次，顯示已對己見生起極大執著，妄想事情只按自己的意思發展。如果那問題很要緊，三次溝通沒有共識後，可以禮貌地當面表示，讓我們把問題交給更資深的法工處理。避免未告知對方就去跟第三者討論，這樣很容易產生不善言語，變成背後說長道短，破壞中心和諧的波動。

老師對法工的指導一如課程開示，直白扼要又精確老練，我覺得從服務中得到的省思領悟，一點也不亞於課程，對日常生活尤其明顯好用。每晚法工共修慈悲觀時，禱詞裡那種無條件原諒、請求原諒及溫柔祝福一切的慈心誠意，也讓我無論聽過多少次，依然深受感動，整個人裡裡外外像被清泉沖刷過一般。

中心對待捐款的方式不同流俗

全球內觀中心不分宗教派別，而且都不收費，也不對社會大眾募款，只靠舊生自願出錢出力來維持運作。這般營運模式不只現在看來不可思議，據知上個世紀中葉，葛印卡老師最初立下規矩時，親友便紛紛反對，認為那在印度根本行不通，光乞丐成群結隊來上課蹭飯，很快就會把中心吃垮。但老師堅持，純淨正法不能涉及交易，而且用以推動法輪的每分錢都得清楚明白；換句話說，必須是舊生真實獲益而願意佈施續辦課程，以助更多人獲益，如果光聽人家說內觀不錯就要慷慨解囊，這樣的捐款，中心是不能收的。

另一方面，學員只要一付錢，就難跳脫揀擇計較的習性反應，完全免費、如短期出家般承蒙眾人供養，反而有助學員增長謙卑感恩之情，用心珍惜所有資源。

中心對待捐款的方式也不同流俗。一般會公告捐款者姓名金額，捐越多、表揚越醒目，「大施主」還享特殊禮遇，連制服都有級別，宛如市場會員按消費力分等。在內觀中心除管理財務的相關法工，不會有誰知道誰捐了多少，而且不管捐多捐少或者沒捐，每次到中心當學員或法工一律得報名申請、一律得遵守行為規範。據說老師還會格外送 metta（慈悲祝福）給沒捐款的學員，因為沒捐款可能代表經濟拮据，或者覺得上課沒有受益。

在此基本態度上，內觀中心除老實提供課程外，從不對外

舉辦任何宣傳活動，連課程相關消息也只在中心網站和舊生通訊上發佈。助理老師們跟所有為課程服務的法工一樣，也是義務制，中心還嚴格規定老師不得接受學員供養。

特別記得法邁中心動工那年，定居美國的李懷光、俞燕老師夫婦特地返台作法工，有次會後大家一起到小飯館用午餐，各點各的。結帳時我們要幫老師付款，老師一再婉謝，大家相勸好一會兒，老師仍自掏腰包，又幽默地笑笑說：「謝謝你們成全作老師的戒律」。

如今內觀中心不但沒被「吃垮」，還拓展到全球，與時俱進、大受年輕世代歡迎，不得不佩服葛印卡老師的先見之明。他堅持最樸素（卻又最先進）、最簡單（卻又最精密）的幾個原則，讓內觀中心真正「依法不依人」，即使他過世多年，仍照常穩健運作。

這讓我更有信心出離人生中的種種貪憂算計，相信凡事只要如實如法，遲早一定會步上康莊大道。

對內在一切波動保持平等心

有人批評十日課是大班制又太嚴格刻板，近乎工業「流水線」。這可能輕忽了大班自有莊嚴的共修力量，而且期間禁絕與人交流，也差不多是「閑居靜處、獨自用功」；再說現代生活普遍過於舒適放逸，為打好禪修基礎，稍稍「過正」不是才好「矯枉」？更何況，十日課只是初步，內觀還有為期

二十、三十、四十五、六十天等等進階長課程，怎好一概而論？

有人質疑內觀中心既然說是非宗教，為何還不時引用佛教經典誦偈？其實釋迦摩尼佛本人從未成立佛教、自封教主，內觀法只是源自佛陀的痛苦解脫之道，無關宗教壁壘。

也有人指摘內觀報名「門檻」，可能篩汰兼修其它法門者。據知長課程對此較為注意，對十日課新生來說，大抵是開放的。內觀中心一切資源都來自舊生對內觀法的護持佈施，每期名額又很有限，因此把閉關用功的機會優先提供給專修內觀者，這樣沒「違法」，也合情合理，並不代表中心唯我獨尊、否定排擠其它八萬四千法門。

我無意辯護，內觀中心也不需要我的辯護，我只是想分享一些觀點，給那些可能因少許批評、質疑、指摘便裹足不前的人。就像老師說的，如果只因不喜歡一粒黑芝麻，就把整鍋好粥都倒掉，那實在太可惜了！

寫到這裡想起老師說，一個內觀行者應始終牢記，「會帶我們到達最終目標的，不是勝過任何人，而是對內在一切波動保持平等心。」願以上一些感想發表不致使自我增長，願更多人有機會親身實驗內觀的奧妙。

大廚的「法味」秘訣

羅珮瑛

此生最歡喜幸福的事，就是在人生下半場，全心走上內觀修行之路。能走上這條路，且安穩地步步前進，要感謝許多人。首先要感謝任職台東永豐紙廠時的一位股長同事。

先夫英年早逝，我二十九歲就成了單親媽媽。婆家人溫暖慈愛，都對我關照有加，但我仍很努力工作，希望自己有能力扶養孩子長大成人。那位股長看我為孩子全力投入工作，很誠懇地提醒我：「孩子終將各自成家，如果妳不再婚，那就要擴大心量，把愛分享更多人，以免到時對孩子無法放手，陷入空巢失落感。」

我覺得有道理，所以假日開始跟著學佛的師兄們到處去義務助念，前後做了十幾年，因而認識了一些出家師父，有空就去寺院、道場或共修處當義工。

五十八歲從職場退休後，我不想拖累子女，決定出家，所以乾脆搬出去追隨師父生活。不過因為子女不支持，幾位師父都不答應為我剃度。從小我莫名常把「要出家作尼姑」掛在嘴邊，其實兒時從沒見過尼姑，也不知道作尼姑到底是怎樣。

六十二歲那年有一天，宏道法師問我有沒有聽懂他的講經？我老實回答聽不懂。法師就說：「我教不會，那就該送去給別人教。」於是要我去內觀中心上十日課。

　　什麼內觀中心？而且遠在中央山脈另一邊的台中縣新社鄉，從來不會搭車的「路痴」我，忍不住急哭了。師父說他幫我訂台東到台中來回機票，還會安排司機到機場接送。

　　回家遇到隔壁一位師兄，聊起我的煩惱時，又哭了一次。沒想到那位師兄居然讚嘆道：「師父可以支持妳去別處參學，怎那麼好啊！」我聽了才轉念，心甘情願勇敢一試。

　　就這樣上了第一次十日課，覺得葛印卡老師的開示直白又有深意，我很高興，隔年又報名第二次，之後就成為長期法工，經常連期服務，最長紀錄是連續七期留在中心當學員、法工。

意外得到稱讚讓我開始有一點信心

　　現在老師和舊生法友常稱我「內觀大廚」，我當那只是親切又帶著鼓勵好意的半開玩笑說法。內觀法工八方來去，每期組合都不一樣，哪有誰是固定的「大廚」？人家會這麼說，只因為我作廚房法工十六年了，的確有點「老資格」而已。

　　很多人以為，我退休前在開餐廳，不然就是原本便擅長烹飪，所以才會作廚房法工。其實，從前我幾乎不下廚，也沒覺得料理有趣，如今會被稱作「大廚」純粹是誤打誤撞。

第二次上完課後，我留在法昇中心準備當下期法工。在兩期課程之間的三天空檔裡，留守中心的少數幾位法工也需要吃飯，看人家都在忙，所以我就幫大家做簡單飯菜。下期帶課的洪田浚老師飯後問：「這是誰做的？」人家說是我，老師居然馬上說：「不錯喔，這位可以當大廚！」

這可把我嚇壞了，課程中有上百人要用餐，我哪敢！當期我被分配在廚房協助大廚，不料第九天她臨時提前離開，讓我好緊張。第十天做飯時，兩鍋水煮到沸騰了，還在三心二意，最後決定把米粉丟下去，把冰箱剩的食材都找出來切切剁剁，煮成兩大鍋米粉湯。端出去後，一掃而空，意外得到許多稱讚。這才讓我對煮菜開始有點信心。

之後，有位辦公室法工建議我到高雄六龜法印精舍（法邁內觀中心前身）的廚房服務。一來，因為那在偏遠山區，亟缺法工；二來，因場地有限，那裡每期學員人數不多，廚房壓力相對較輕，有助於我練習並累積經驗。因此，我到法印精舍服務，一待就是兩年多。

第一次到法印精舍，我就不小心跌倒，把手摔斷了。為了不耽誤課程，只在山下診所簡單處理，仍忍痛照常工作。第一次做優格（yogurt）好怕失敗，做完還對酵母菌祈禱：「拜託你們了，請讓早餐優格美美的！」隔天打開一看，優格表面竟發酵成一朵雪白蓮花狀，讓我備受鼓舞，精神為之一振。

常有人問我廚房法工工作要領。我認真想了想，如果有所謂

「秘訣」的話，那就只是一顆「歡喜心」而已。只要用歡喜心去做，怎樣煮都好吃，因為餐飲會因而自然流露美好「法味」。

感恩他們助我回頭看見自己的不是

每次遇到有法工為同事不盡責而忿忿不平，我都說：「別傻了，人家白白丟棄珍貴的波羅蜜不要，你趕快撿起來做都來不及了，還有空計較、生氣？」修行要精進，除了必須用功，也需要有足夠的波羅蜜福德資糧，我們應該感謝中心和學員給我們服務的機會，幫助我們的波羅蜜越來越扎實。

至於是否當「大廚」或「組長」，一點也不重要，重要的是，懷抱歡喜心好好服務。帶頭的人更需要大小事都熟練上手，也樂於默默幫補別人的工作，才能讓組員心服口服。

有鑑於廚房法工容易意見衝突，加上法邁中心啟用，大廚不夠，所以中心自 2013 年左右開始試行固定菜單、終止大廚制度，以廚房法工小組「組長」取代，2014 年進一步定名「無我菜單」，將食材採購、每日料理和角色分工都標準化處理。起初許多大廚覺得這樣難以發揮，不大能接受，但慢慢地，現在無我菜單運作得越來越順利，即使不會下廚的人也能參照說明，獨立完成任務，而組長稍微彈性變化加菜也沒關係。

有一次蔡冬梅老師到大陸新疆帶課程，我隨同去廚房幫忙。在那裡，正好碰到法工意見不合吵起架，那位大廚言語強硬，讓場面立刻更陷僵局。當下突然反省到，早期常有法工怪我

「很凶」，不禁升起慚愧。深自懺悔當時求好心切，緊張到失去了平等心，無形中也讓人感到壓迫。

從前我常因為覺得遭人誤會冤枉而委屈痛苦。在一次四十五日課程中，領悟到那些人事與境界原來都別具意義，反而很感恩他們助我回頭看見自己的不是。剎那間，向來堅硬緊繃的胸口，一下子輕鬆開來，整顆心「空空的」，好舒服！

此後我就用那「空空的心」進廚房服務。一開始先把能預做處理的食材都先處理好備用，使後續流程更簡單輕鬆，也隨時把廚房收拾整齊清潔，並順著每位法工不同的能力和願力，不必強求。這樣去掌廚，心情從容不迫，會越做越歡喜也不累；如果心情不好，半天就可能讓人累垮。

每次到內觀中心都有一種「回家」的感覺，所有內觀法友都是我的家人，當廚房法工的心情也就跟在為家人做飯一樣。

2023 年在澳洲坐六十日長課程期間，聽著蕭集智老師的中文翻譯開示錄音，我不禁心想：「老師的聲音那麼好聽，充滿攝受力，真是太珍貴了，這些錄音帶一定要好好保存下去……。」就這麼升起一念恭敬、讚嘆，全身隨即融化於陣陣微細殊勝的波動。這美妙經驗提醒我，在廚房也要常用恭敬、讚嘆的心，看待每位法工都是尊貴的「佛子」，祝福他們都在服務中成長，嚐到真正的法味。

感恩！感恩法、感恩老師、感恩所有同行的法友！

法工記趣二三事

蕭集智

多年前，那日我與太太克端從 Varanasi 經 Agra 到了齋浦 Jaipur。

在大巴站轉乘當地的三輪車前往 Dhamma Thali 中心，報到參加我的第二個課程，克端的第三個。報到時，我一併申請下期課程的法工服務。

課程結束當天，事務長 Robert Bird 就找我確認下期法工工作。

掃廁所之「國際標準」

我奉派的人生中第一個法工服務項目是—— 清洗九個男眾公共小便斗。那九個便斗積垢厚重，顏色暗沉，可見長久以來法工都只用水沖沖而已。

中心工具不足，沒硬刷子，也沒強力清潔劑，於是我找了五六塊扁石片，就用最原始的力量及耐性，把九個便斗的陳年老垢一一刮除乾淨，之後再用強力水柱裡裡外外徹底沖刷，前後花了大約三個小時。

第一個前來享受成果的是來自美國的 Jeff。他一進廁所便猛然後退一步，眼前已不是他所熟悉的地方了。不久事務長來檢查我的工作，他說：「George，我敢說在中心的清潔史上，這樣幹活的，應是前無古人、後無來者了！」

事務長是位來自紐西蘭的演員，他發心在中心待一年擔任法工。幾年後我們在 Dhamma Giri 的四十五日課程重逢，聊起這則往事，他說，那之後一段時間，小便斗又顯髒了，中心經理就責成以後的法工都得以「Taiwan George 洗過的樣貌」作為清潔標準。

沒想到我打掃廁所還弄出個「國際標準」。

好吃到落淚的煎蘿蔔餅

有幾位出家人在中心連續一期接一期禪修好幾個月。印象中有三位比丘，一位來自馬來西亞，兩位來自台灣；另五位比丘尼都來自台灣。

帶課老師將幾位華人法工召集一起，並說：「幾位比丘和比丘尼來中心很久了，想必他們對印度食物有些倒胃口了，下期課程中你們有誰可以去廚房，每天燒一道中華料理來供養這些出家人嗎？」克端推薦我，我欣然同意。

我就廚房現有食材，以中華料理方式，每天中午出一道菜。出家人只有幾位，另在小餐廳用膳，份量不用很大。有天我

突發奇想，給他們煎了蘿蔔餅。當期慈悲日時，來自馬來西亞的普能法師對克端說，那天他看到蕭居士煎的蘿蔔餅，眼淚簌簌的流下來。

該期助理老師是位天主教修女，她每晚開示時間都與老外們一起聽英語開示，我是負責播放視頻的法工，有天開示結束後，她對我說：「你那天煎的蘿蔔餅很好吃，我請廚房照樣再做，但工作人員不理我。」於是，我又再做了一次蘿蔔餅。

印度式搖頭

在印度，學員用餐時，法工要替他們盛飯打菜。我負責盛飯。齋浦中心的飯沒黏性，扁平的飯匙經不起抖動，一動白飯就會落下。當我服務的第一位學員站在面前時，我在飯鍋上挖起一尖匙的飯，然後望著他，示意這個份量行不行？他沒點頭，而是搖頭。於是，我將飯抖落一些，再看看他，他還是搖頭；我便再抖落一些，再看看他。這次他不搖頭也不點頭了，於是，我就將飯扣到他的盤子上。哪知這下他卻用右手示意還要加飯。事後我才恍然了解，印度人「搖頭」的意涵。

想了解印度人搖頭的況味嗎？輕輕擺動你的頭去寫個躺8，你就能像印度人一樣表示「是的，沒錯」。要注意，如果他同時又出聲說「啊假」，你可別又犯傻，以為他是「口是心非」。「啊假」也是「是的，沒錯」。

「陀螺法工」引爆連環笑話

台中新社法昇中心啟用之初，法工很短缺，一位法工往往要身兼數職。我那時是基金會籌備處的負責人，課間要跑郵局開信箱、去銀行存款、接電話、發傳真，還要充當會計記流水帳。課程中同時兼當翻譯、事務長、環保、敲鐘等法工。大家可以想像，我就像個陀螺，但是，是生手而不是個熟手打出的，在地上歪歪扭扭晃轉、隨時會戛然而止那種。真的，每到晚上共修和開示時間，不打瞌睡就很了不起了。但撐到為學員請益作翻譯，以及之後緊接著的法工集會時，精神真的就無以為繼。

有次擔任 Klaus 老師的事務長和翻譯，晚上九點公開請益時間，有位女學員來到法座前問問題。她引述非常長的故事，仍未觸及問題，我不得不請她直接講出問題，她卻說如果沒前情故事，就無法引述出她的問題。於是，我只好請她從頭再講一遍，因為我已忘了她前面講的是啥了。她一邊講，我一邊同步翻譯，長長的故事講完後，問題終於出來了。現在輪到 Klaus 老師回答了，他也長篇回答，我卻沒有同步翻譯。最後答完，我問老師他講些什麼來著？老師答說，他也忘了。

另一次，麥當勞和莎莉老師的課中，我當翻譯（想必我也是事務長）。請益時段有位來自埔里、也姓蕭的八十歲老先生用台語問問題，大意是說打坐後他的腳（台語「ka」）長時間麻木，該怎辦？我隨即用英語轉述：「My Ka……」，頓時引起

全場爆笑。

請益一結束，學員離開禪堂，緊接著是法工集會的慈悲觀禪修練習。

播放葛印卡老師的指導時，音頻說：「將你們的注意力放在頭頂上，覺知在那兒的感受，以便接受慈心的波動。」鐵定的，那時有位法工，不但將注意力放在頭頂上，還將之鑽到腦中、把剛才的「My Ka」釣出來，強壓不住「噗嗤噗嗤」的笑聲。說時遲、那時快，全體法工忽然像傳染流感似的，集體同聲「噗嗤噗嗤」忍俊不止了。麥當勞老師又補上一句：「觀察感受、觀察手掌末端。」這又有如火上加油，使得情況更加不可收拾。那八分鐘的忍耐卻有如八小時般難熬。

因這椿糗事，我有了奇想—— 以後打坐昏沉的時候，似乎可以想些讓人忍俊不止的事，昏沉可能即刻消退。但這是險招，在家自修時可試試，不建議在共修時採用，因為大家都在嚴肅靜謐的氛圍裡，一個人的「小不忍」，很可能引起哄堂大笑，如星星之火燎原，不可收拾。

法工服務之「三全」、「三寶」

李昆霖

去內觀中心當學員時，你過得像是出家人的生活，每天功課只有不停的打坐，以開發身體每個部份的覺知，並修練平等心，飲食都有法工為你準備周到。

內觀課程是完全免費的，所以得靠自願的法工來為學員們服務，安排課程、整理園區、照顧所有生活細節。世界各地內觀中心都同樣如此運作。或許你會問，為什麼法工沒有薪水也沒其它任何報酬，還願意這樣付出時間心力？以我自身為例來說，是因為我從中得到了利益，所以才會心甘情願，而這利益是遠遠超越金錢的。

我是個商人，做任何事情都會看投資報酬率，畢竟時間可是最寶貴的資產。尤其我有個原則，無論做什麼事，一定會先自問：「有沒有學習？有沒有貢獻？好不好玩？」

在內觀中心當法工服務就是以上這三項俱全。

傳承生活技術

學員一天打坐十幾個小時的生活型態其實是不切實際的，

因為在平常生活中，我們必須工作賺錢養家，不可能整天只有打坐，而且用餐時間一到，又有食物已經擺好了等你享用。反而當法工的生活型態是很接近日常的，更可進一步練習把修行與生活緊密結合。

以我兩度擔任廚房法工的經驗來說，六到七名廚房法工每天清晨五點要進廚房，在六點半之前煮好六十多人的早餐，還要洗大量的鍋碗瓢盆。然後，過沒多久又要準備午餐了。一整天工作量其實不輸平日上班，但每天三節各一小時的全體靜坐，照樣與學員一起共修。廚房法工最大的樂趣在於，可以學習如何處理很多平時不大會使用的原食材。像我學會了如何處理山藥、牛蒡、南瓜、苦瓜、冬瓜，還學會了搭配枸杞、當歸、小米、糙米，做成各式各樣的美食料理；也學會了如何炒芝麻醬、辣椒醬，還有醃漬小黃瓜；甚至是利用廢棄的檸檬皮做成酵素，做成萬用清潔劑。

以上總總對上一輩來說，只是平常常識，但對年輕一代而言，卻是漸漸失傳的生活技術。現代社會結構分工精細，一個擁有高學歷的知識份子或電腦工程師，或許在專業領域能力超強，但很可能完全不曾買過菜，更別說自己煮個三菜一湯。看似擁有高收入、高社會地位，但不折不扣是個生活白痴。在內觀廚房總會有前輩法工帶領後進，他們彷彿生活智慧王的活寶典，從他們身上可以學到許多，是十分珍貴的經驗傳承。

體會生活藝術

此外，我也從工作中體會了生活的藝術。原來先把高麗菜跟香菇混炒，再加入白米一起煮熟，可以省時省力又好吃；清洗飯桶時，可將殘餘飯粒灑在庭院地上，供麻雀大快朵頤；我還學會了如何防堵螞蟻、蚊蟲……。類似這樣的學習每天都在發生，讓我讚嘆生活如此豐富。

放下手機、離開社群媒體的干擾，只專注於跟自己內在連結，回歸原初生活型態，才會明白生活的藝術，也才是真正在品味生活。

實證生活智慧

從法工服務中，我還得到另一樣寶貴的禮物——生活的智慧。只有自己親身實證過的，才能稱之為真正擁有的智慧。

因為疫情的關係，為了避免交叉感染公共餐具，原本是自助式的早餐跟午餐，改由廚房法工為學員們夾菜。有些學員會吃第二盤，所以我們必須像餐館服務生一樣，隨時待命侍候。要等學員們全都用餐完畢，廚房法工才能用餐。

原本以為我會受不了，畢竟我這輩子總處於消費者心態，一向最討厭的就是浪費時間等待，去餐廳前還會先電話點菜，確保一到餐廳就能上桌開飯。這樣自以為講究效率的習性，其實一直給身邊的人造成壓力。沒想到這次在服務中，我學

會了等待時也可以睜眼修行內觀，外表看似放空，但其實內在保持著警覺，正仔細掃瞄身體每一個部位的感受。如此一來，等待的時間就變得一點也不無聊，反而還學會讓自己處在什麼都不做的「待機狀況」，讓自己停留在「省電模式」，不讓腦袋一直無謂空轉發燒。

現代人習慣一有空檔就拿起手機，無知無覺陷入焦慮狀態。我以前也是一天要使用十幾個小時的手機，如今我已經漸漸沒那麼依賴手機了，更能夠自己一人安靜地獨處。

不一樣的「I am sorry」

當法工另一個很大的益處是，可以體驗到卸除自我。

在這裡默默為學員服務時，平日職稱跟自我驕傲都無用武之地，還不得不虛心請教諸多廚房工作細節，人家分派我切菜、掃地、拖地、洗碗、倒垃圾，就老老實實去做好，就算處理食材錯誤被組長說了幾句，也必須坦然接受，畢竟不會就是要學習才會嘛。

那些事情我在家裡多少也都有做，所以沒太大適應問題，但在第二次當廚房法工的頭一晚，震撼教育就來了。

內觀課程中，舊生是不用晚餐的，他們唯一能喝檸檬水。第一天晚上，負責擠檸檬水的法工同事搞錯兌水比例做出來的檸檬水份量不夠供應四位舊生。當第四位舊生（剛好是外國

人）進食堂要倒檸檬水時，發現水壺已空。我誤以為他是新生，便對他指指水壺旁的立牌，用英文小聲說：「不好意思，檸檬水限舊生優先。」他一聽似乎動怒了，立即用有點凶的口氣回說：「我就是舊生！」當下我好像是個做錯事的餐館服務小弟。

天啊！此生已當了十幾年企業創辦人，常頂著「董事長」高帽去各大學院校演講，到處被尊崇禮遇，如今突然這樣遭人白眼怒斥，真是情何以堪？「I am sorry！」雖然我馬上低頭道歉，但同時察覺到，自己心中有股對這位同學的厭惡感正火速噴發。

事後我認真反省，其實是同事做得太少，加上前一位舊生拿了太多，才會導致他沒檸檬水喝。他並非針對我生氣，而是我把自我看得太重，無法接受自己無辜被凶還得道歉。人在社會上累積了相當的經歷成就，往往就會被人捧到不自覺自我膨脹，這會讓自己失去客觀視野，無法如實看待人事。

在內觀中心的法工禪修，跟學員最大不同之處在於，晚上九點學員下課後，助理老師會帶領法工們做「慈悲觀」，一方面讓法工反省當天的服務是否有傷害了任何人，或者被任何人所傷害？前者誠心祈求原諒，後者則誠心給予寬恕；另外練習發送慈心給學員、給自己，以及給園區所有眾生。記得曾在達賴喇嘛書中讀到，他每天早上做慈悲觀四小時，難怪他所到之處總充滿了慈愛氣場。

練習了十天慈悲觀後，在慈悲日解除禁語時，我主動找那位沒有喝到檸檬水的舊生談話，帶著慈悲心對他說：「I am sorry，第一天沒讓你喝到檸檬水，想到那是你唯一的晚餐卻沒得喝，真是太可憐了，你有發現從第二天開始都多給你一點嗎？」他立刻露出微笑說：「有發現啊！謝謝！」

　　同樣都是講 sorry，第一天的 sorry 心口不一，第十天的卻是真心誠意，還帶著同情關愛，回饋也是天差地別。

　　我想這是那十天給自己帶回來的最棒的禮物，畢竟走到人生下半場已經很難得被人凶了，這正好可以幫我把自我 self-ego 壓縮變小一點點，警惕自己不要過度自我膨脹。

　　我想，我的老年生活應該會過得滿不錯的，因為邁入中年之旅，我有刻意學習轉換個性，用與年輕時期不同的思惟去看待人生起伏，儘量讓人跟我相處都覺得舒服溫暖。

　　願正在讀這書的你，也能有意識地好好進修，以便在人生下半場開始前就「提前佈局」，讓自己進化成更快樂的版本。

　　最後特別補充一句，內觀中心很需要法工喔！要當法工必須是已完整上過十日課的「舊生」，如果你是舊生，那建議你去嘗試法工服務，一定會得到不一樣的「超能力」superpower 喔！

從法工領悟服務業本質

傅文賢

　　二〇一三，我三十歲那年開始創業，正在尋求一個企業長久穩定的價值，以及自己生命的意義。和很多人一樣，經常有個聲音在心中迴響：人生就那麼幾十年不能浪費，那到底怎樣活才不虛此行呢？在旅行世界各地、多所探索後，依然無解。如此背景下，4 月 17 日，我參加了第一次內觀課程。

　　就那第一次接觸，我不能說自己對於覺知和平等心有多深刻的理解，但有一點毋庸置疑── 課程讓我深刻體驗到生命的苦，和一切都在無常變化、抓不住的本質；也體會到世上有一種方法，能讓自己深入瞭解自己，而且似乎也同時瞭解事物的終極本質只是持續變化，從而進一步認知，去掉一些對無常的執著（即便一次十日課程只去掉了表層一點點），讓愛和慈悲自然湧現，生命本是如此美好並富含能量。

　　當時有個聲音響徹心中：這就是我一直在尋找的！我要將這種能量傳遞給更多人！

　　之後便踏上了與內觀結緣的十年。這十年裡自己一方面嘗試走在內觀的路上，時遠時近；另一方面在現實層面，則繼

續承擔公司總經理的角色。十年間世事變遷，人員流動，疫情起伏。一路上，內觀穩固地守護了企業，以及我自己在一些關鍵時刻的發展。

其實外面的世界沒有任何人，只有我們自己

比如：它護持了一家企業的使命。

開公司究竟為了什麼？追求股東利益最大化、還是做些終極有價值的事？對於這問題，世間的誘惑很多，且主流商學院所傳授的都是西方思想，較多是商業利益最大化的設計。

然而，企業本是為世人創造價值的，因為有了這些價值，順便獲得一些利潤，這是因果法則，先因後果。世上有價值的事情很多，如果有些事情能夠持續影響人心，讓人有所醒覺、打開自己、放下執著，並有更多的愛與善意湧現，那一定是與人類發展的長遠價值同存共振的內容。我們公司將這些內容用一句話定義為：內心的力量。這也成了企業的使命。我們圍繞使命而工作。一家公司有沒有真正的使命，在定策略、招人，以及怎樣反應環境劇變並採取行動上，必截然不同。

與此同時，在起起伏伏的漫長商場歲月裡，由於修習內觀，也始終提醒我們多一個視角——除了向外看，還要不斷深入向內觀察。

公司的成果都是內部的人做出來的，我們常說發展人，究

竟是發展人的什麼內涵呢？技術、能力、心態？我認為最根本、在冰山下面的是人的意識。心怎麼想、怎麼思考、怎麼看待外部世界的複雜情境並做出反應，關鍵根本在意識。一旦體悟到這點，會有很多做法上的變化，比如就不會一味參考競爭對手的作為，盲目照抄追隨，會明白這些都是被動的選擇，吸收外部的東西來改造內部，不如管好自己的意識和心念。

西方 KPI 管理（Key Performance Indicators，關鍵績效指標），本質是一個結果管理，是結果導向的思維。過度倚重容易忽略了動機和心念這樣的源頭性內容，淪為只是表層刺激，無法觸及根本，也不會增進終極的原動力，更不可能探究到終極價值的真相。與其說企業被 KPI 綁架，不如說其實是人心被 KPI 綁架了。這種綁架一旦放大出來，就很容易使人脫離初心，只追求近在眼前的數字，從而丟失了持續增長的智慧。

其實外面的世界沒有任何人，只有我們自己。每次通過內觀多發展一個向內的視角，接觸對無常的了知，以及感恩和慈悲心的升起，都會極大地發展和護持我們的意識，而這往往是一家商業組織最根本的內核。人的意識得到滋養和發展，組織就不會枯竭，並有源源不斷的能量湧現。這些能量的源頭不在外面，也不在別人，恰恰就在企業創始人自己的心念中。

把企業做成修行道場，就是自己這一生的功課和價值

2016 年，我有幸去做了一次十日完整的法工，服務後進一

步體會到老師說的：「服務和感恩的心是人間稀缺的品質。」回來後，我將這些內容與企業結合在一起，使我對於服務業的核心品質有了更深刻的感悟，寫了下面這些文字：

為什麼自己願意抽出十天來義務幹這些活？主要有兩個原因：

第一是因為純淨的法。因為這個方法太好了，我本人從中受益了很多很多，因為感謝，就想去做更多的服務。

第二是我上課的時候，那麼多人曾經不求回報、義務地服務了我，沒有他們的服務，我獲得不了這樣的法益，為此我心懷感恩。而表達感恩最好的方式，則是我也去服務。

通過法工服務，讓我回歸到服務業的本質上，也重新回歸到人的品質上。

用心服務不是遵循死板的流程，也不是只為了爭取回饋。真正的服務是一種心態，其本質源頭是感恩。其中非常難能可貴的是，發展出一種願力、一份感恩之情 —— 世上極珍貴的品質。

我所從事的工作曾給予我如此多的經歷和收穫，結識到這麼多有緣的人，我真幸運、很感謝。現在我想將這份感受傳達給更多人，無論別人的回饋是好還是不好，我都不會起太大反應。我只想客觀正確地傳達這件事情，將它原有的美好和純淨帶給更多人。

這樣的願力還會漸漸消融「自我」，裡面充滿愛，周圍的人也會慢慢感覺到。如果能做到這一點，服務就會展現更高的價值，連帶影響這個層面的所有事情。這種願力也是服務業在標準化之後，更上一層樓的動力，是一個企業無形的、最深刻的核心競爭力。

與此同時，通過自己全身心投入法工服務的觀察，對於內觀中心在全球自然發展出麼多中心，也十分讚嘆。從葛印卡老師1969年移居印度、開始傳授內觀法，到現在弘傳於中國，所有內觀服務都不求回報，但每期那麼多人參加，課程一期期地開，中心仍一個個地建立起來。為什麼這樣神奇？這對我們做服務業又有什麼啟發呢？

從技術層面來看，服務業不是尖端科技領域，本身並沒有多高門檻，表面似乎所有人都可以從事，但要想長久、不求回報、且全心投入提供高品質服務，這就非常非常困難了。其後一定有個根本原因，那是什麼呢？

內觀禪修保持了法的純淨，只觀察呼吸和觀察感受，足夠的簡單和純淨，為人類提供了一個方便的淨化和解脫方法。做到了這一點，其餘自然紛至沓來了。這自有道理。做一家企業在持續增長的過程裡，也要時刻回看它最純淨和最有價值的部分，並且始終聚焦去深化，事業才可永續成長，同時過程裡做事的人也會感到豐盛踏實。

十年內觀修行以來，逐漸確認自己此生就是來做這一件事情的——通過做事業，結識人、影響人、持續讓人獲得內心的力量。把企業做成歷練和淨化心靈的修行道場，就是畢生的功課和價值。

將企業變成修行道場，通過幹活和實際經驗積累智慧，同時看見一件件事情的升起和滅去，並隨時保持平等心，這樣內心就得到了淨化。我們每個人都有這種能力，只是這種能力需要開發訓練，不能光說或只是聽聞、思維，必須親身經歷才會真實獲得智慧。經營企業的過程，就是內觀應用於生活藝術的絕佳體現；生命也就在這過程裡完成其使命與價值。

想到這裡，一方面發現自己有很多還未覺知的地方，同時也感到自己十分幸運。原來生命生活本身就是這一生的修行道場，自己最初疑問的解答都在其中。雖然前途還有很多不確定，但所幸已與師兄師姐們在道路上同行，一起對自己生命的進化和醒覺負責，並能夠多一點慈悲對待身邊人。

沒有什麼比這個更快樂了！

感恩遇到的各位老師、各位默默服務的法工、各位師兄師姐，以及各個升起的善念。因為你們，我才能堅持走這麼長的路，見證到生命中如此獨特殊勝的禮物。我心中充滿感恩喜悅，願與大家共勉！

超越苦行迎向光明

雙魚真

　　○○○年我工作停頓、愛情遠颺，正陷落人生谷底。有一位友人推薦了「內觀」課程，當時的我完全不加思索就決定報名，就像溺水的人抓到了一塊浮木。就在這般倉皇懵懂的狀態下，與「內觀」接上線。

　　內觀課程十天不能說話、不能用手機、不能閱讀、不能書寫、早上 4:00 起床、晚上 9:30 就寢、全素且過午不食……等等行為規範，在報名前就一一聲明了，整個課程重點單純只是「靜坐」。

　　這雖與我平日生活作息有些反差，但也不是不能克服調整，而「靜坐」一事，因曾接觸過瑜伽靜坐及佛寺打坐，所以我自認完全沒問題。沒想到，這課程對身心的挑戰超乎我的想像。

破曉大雨中的餐車車輪聲彷彿「醒板」

　　我是個夜貓子，課程一開始，整個人就受困於「倒時差」的困擾。前三天學習「觀息法」，並沒特別要求坐姿，但我為「顯擺」（台語炫耀之意）自己非初學，一入坐就勉強雙盤，以滿足內在無聊的優越感，但不到幾分鐘，就遭痠麻疼迎頭

痛擊。凡事不勉強、不強求，痛苦便無從磨人。經過反覆摸索調整，發現「單盤」才是我卸下優越、最適配舒服的坐法。

觀息法雖是入門基礎功，但其實一心一意觀察呼吸，可不是件簡單的事。忽而雙腿痠麻來襲，忽而瞌睡蟲搗亂，昏沉沉地墜入「舒眠模式」，猛然驚醒又滿心羞愧、臉紅耳熱，內心小劇場此起彼落，連某些「陳年坎坷」都冒發現前了。

第四天開始修「內觀法」：觀察全身上下的感受；而且，每日三節共修各一次「堅定的禪坐」，了解到什麼叫「度日如年」，哦，不！是「度『分』如年」。所幸一切都會過去，痛苦也是「無常」的，超越苦行的黑暗，迎來的是光明的修行心志。唯有親身如實經歷，才能體證「柳暗花明又一村」的喜悅。

再來談談內觀課的飲食。我無肉不歡，對蔬菜沒興趣，對所謂「素食」也抱著刻版印象──全是素雞、素鴨……等加工製品。由於任性挑食、加上過午不食，撐不過第三天，飢餓求生的本能開始發作。

在中心，斷食是不被允許的，我只是「少食」，之後身體變輕盈、腦筋清明起來，對食物也生起渴望。尤其是早餐，從餐廳區飄來的香氣令人飢腸轆轆，讓口腹不再有分別心，只求一頓飽足。那日起，我變得沒那麼挑食，但真正撼動我、轉變我的，其實是某日破曉大雨中，耳邊傳來餐車的車輪聲。

當時台中新社內觀中心的廚房和餐廳區有段小距離，法工冒雨推著餐車，行經崎嶇不平的步道，儘管再怎樣放慢放輕，

總會發出車輪聲。「啊！我是何等幸福，大雨裡能在此安心打坐，等會兒還有熱食可溫飽。」感恩之情剎時湧現，淚水不禁簌簌流下。

那車輪聲彷彿「醒板」，敲醒我的慚愧、謙卑、惜福、知足！就這樣，那頓早餐，吃起來無比歡喜享受。之後，我可以全心全意地、欣然接受全素的日子，也不再懼怕過午不食。

我以前職場的一位長官後來出家，她皈依的法門有「日中一食」的齋戒。一般人多受不了一天只吃一餐，但僧侶們全安然無恙，過午不食還能吃上兩餐，實在不用擔心會餓壞，何況若有特殊飲食需要，還可事先告訴老師，老師會依個別情況細心安排調整。

修「慈悲觀」與全世界在虛空中和解

至今我大約上了八次十日課、兩次四念住、一次三日課，還當了三次法工、一任中心董事。每當有人問我為何去內觀？我的回答很簡單：「正如身體髒了，你會想要洗個澡，當內心卡滿污垢時，我也必須接受『內觀洗禮』。內觀是我的淨化療池，一個摒絕外緣的清靜地。」

上班族的我，得拼湊兩年年假才能擠出十二天假期去上一次內觀課，因為平日早晚沒有用功，所以最初幾年，每次上課都像新生重頭開始。雖然沒有幡然脫胎換骨，但其潛移默化已深深扎根心底。

如今日常生活裡，我可以隨時隨地靜下來反思觀照，即使偶爾脾氣爆衝，也能很快客觀察覺，不再陷入「痛苦漩渦」。

我的法工服務經驗有限，三次法工任務分別是廚房法工、辦公室文書及事務長。第一次當法工，是在六龜法邁中心現址的前身「法印精舍」。當時「零廚藝」的我認養水果洗切及傍晚供應舊生檸檬水，此外機動幫忙洗菜備料、打掃廚房餐廳。當年廚房法工責任分配還未完全標準化，大廚得一肩扛起重任，廚房法工又常不足，偶有服務三五天的法工來分攤點工作，在責任心和時間壓力交迫下，廚房法工工作幾乎像天天「打硬仗」。緊張忙碌中，性子急一點的法工聲量有時會不自覺地高亢，言語也可能不小心傷人，這真是淬鍊自己時時保持覺知與平等心的大好良機。

在當事務長時，除每天固定事務外，還得應付突發狀況。印象最深刻的是，當時六龜法邁中心正計畫建設，有政府行政人員前來勘察，助理老師指派我這事務長陪同，因而讓我對中心建設背後的艱辛有些粗淺了解；另外，還有送別半途離開的學員。有些學員主動要求離營，也有些學員被要求離營。記得有位新生有精神困擾，其遠在國外的家人強硬安排她參加課程，而她在台灣唯一的連絡人是位住北部的舅舅，我幫她連繫了兩天才通上電話，舅舅專程趕來接她時，客氣地連連道歉。

能理解家人的用心良苦，但把內觀中心當治療院所是不恰當的，這位新生在禪堂有干擾禪修的行為，讓她獨自在宿舍自修又擔心出狀況，讓我這事務長一顆心七上八下。我們非

專業人員，實在照顧不來。

內觀課程結束前的「慈悲觀」修練，全體學員在寂靜中散發的安詳、慈悲與愛心共振，總讓我十分感動。葛印卡老師唸出：

> 我原諒　我原諒　我原諒
> 所有曾經以身口意上的行為傷害到我的人
> 不論他們是知道或不知道的
> 有意識或無意識的傷害到我
> 我都原諒他們
>
> 我請求原諒　請求原諒　請求原諒
> 請求所有曾經因我身口意上的行為而受到傷害的人們原諒
> 不論我是知道或不知道的
> 故意的或無意的傷害了他們
>
> 我請求他們的原諒

此時，禪堂中總會傳出陣陣啜泣聲，不論上過幾次課，這慈悲淚海裡總有我的一份。我懺悔、原諒及請求原諒，所有愛恨情怨瞬間消散，我與全世界在虛空中和解了。

記得有次遇到一位演藝人員來上課，她說她因長期姿勢不良，頸椎已呈 S 型，靠著打坐而有了改善，是爸爸介紹她來內觀的，爸爸並告訴她：「累世不佈施，轉身無貴人。想改變命運，只有行六度波羅蜜，而六度波羅蜜則首重佈施。」

她這一席話，也讓我至今牢記於心。感恩有緣走上這條正道之路，祝願大家快樂、安詳、解脫。

雲
遊

內觀傳承於兩千五百年前的佛
陀，上世紀從緬甸回歸發源地
印度後，又向歐美散播，
進而在世界各地蔚然成林。

五十多年來，全球中心數量平
均每十年倍增，
目前已超過兩百個。

天使的故事

穆 泥

　　〇一二年五月，我坐在一輛從印度小鎮 Igatpuri 開往孟買的車上，與我同行的是一位印度姑娘。我們兩人剛剛在 Igatpuri 的 Dhamma Tapovanna 內觀中心完成了一期內觀課程。我們結伴去孟買。我趕往機場，搭回上海的飛機；她則回孟買的家。

　　就在車拐入孟買機場高速時，我的同伴提了一個內觀友人間常互相詢問的經典話題：「你是如何接觸到內觀的？」基本上，從這個問題出發，都會引出一串奇妙的故事來。不過，我仍覺得我的故事很奇妙。

　　「哦，內觀是一位天使帶給我的，就發生在孟買。」我笑答。

深夜孟買機場的柚木長凳上

　　那是 2007 年初，我獨自在印度旅行。三十出頭時，我對於被無休欲望驅使的大都市生活倍感疲憊。辭去朝九晚五的工作，展開一份小事業，同時開始四處旅行。那時，我對廣闊的大自然、淳樸的異族文化、宗教哲學、瑜伽、徒步行走……，倍感興趣。當時，我花了近兩個月的時間，從孟買

一路旅行到南印度中部的舊都小城邁索，並在那裡居住了一段寧靜時光。

旅程接近尾聲，我回到孟買，準備搭深夜航班經曼谷回上海。

航班是半夜一點的，我擔心晚上的交通與治安，所以早早提著行李去孟買機場候機。當時的孟買機場還擺著那種用了幾十年的柚木靠背長椅。我的鄰坐似乎也是一位華人，於是，我們攀談起來。她從台灣來，與我搭同一航班去曼谷，然後轉台北。

距航班起飛還有四小時。我們聊天的話題從各自的印度旅行開始。她告訴我她來印度是為了上一個叫「內觀」的禪修課程。那個課程封閉十天，進去以後，就不可以講話了，也不可以以任何形式與周圍的人交流，大家都沉浸在自己的禪修中。不過，她說，雖然與百來號人生活在一起，卻彷如獨處。每天早上四點起床，除了吃飯、洗漱等無可避免的事務，全部時間都用來打坐……。這是二千五百年前佛陀所教的覺悟之道……。聽到這些，我興趣盎然。

那些年，我讀了一些佛學書籍。也去過不少藏地、漢地、東南亞的寺廟，寺院寧靜的氛圍總是份外吸引我。然而，我卻一直沒能搞明白，佛法到底講什麼。

在柚木長凳上，我瞭解到這位姐姐其實已上過好幾期這樣的十天課程，雖內容與形式完全一樣，但她認為有必要一而再、再而三地深入禪修。課程是免費的，開放給任何有興趣

學習禪坐的人，課程經費只源於參加者在課後的隨喜樂捐。課程沒有固定的管理機構，但卻井然有序，每期課程都由來自八方的舊學員運行與管理。她也做過法工，義務服務課程十天。我還瞭解到，台灣也有專門的內觀中心，她的家人都一一走進了這與世隔絕的十日課程。姐姐一說到內觀，神采飛揚，她投入地向我講述了她所知的一切，我聽得入迷。四小時飛快地過去了，故事還沒聽完，廣播裡已通知我們登機了。

飛到曼谷，姐姐與我匆匆道別，一轉眼已消失在人流中。我呆呆地站在凌晨的曼谷機場，才想起，連人家的名字都忘了問。唯一知道的是，她是一名護士。多年後，每每有人問：「是誰把內觀介紹給你的？」我會告訴他們：「是一位天使⋯⋯」。

泰國 Dhamma Suvanna 成了我人生的轉折地

時間過得飛快，2009 年 1 月，一晃兩年過去了。我經常會想起孟買機場我所收穫的那寶貴訊息；同時，那位姐姐講述內觀時所散發的光彩與感染力也不時會出現在眼前。然而生活的洪流，夾雜著平庸的快樂與憂傷，毫不留情地將我不斷往前推。漸漸的，那份記憶深深埋入心底。直到某一天，我的桌上放了一本雜誌。翻開來，沒什麼我感興趣的內容，不過不知怎地，我一直往下翻著⋯⋯，結果視線在最後一篇文章逗留了下來。那是一篇隨筆，有人去了福建的偏遠小寺，在那裡終日禁語與打坐，整整十天，學到一種掌控自心、剝除煩惱根源，從而變得簡單快樂的方法。

哦，那不就是那位天使姐姐告訴我的內觀課程嘛！兩年後，就在我快把它遺忘的時刻，也在我生活最需整理的時刻，它悄悄冒了出來。我感到，天使再一次帶著內觀的訊息，輕叩我的心扉。

「立即去上課！」我對自己說。在那網路還不發達的年代，我查了半天，才找到內觀課程在中國的蛛絲馬跡。打電話過去，對方非常禮貌地告訴我說，課程早在半年前就已經額滿了⋯⋯。「必須去上課，不能等！」我又一次告誡自己。想到天使姐姐告訴我的，內觀課程在世界上許多國家都有中心⋯⋯，果然，在它的官網上，我看到了世界各地一百多個內觀中心及常年開辦著的課程。我挑了熟悉的泰國，終於報妥了泰國北部 Dhamma Suvanna 內觀中心的課程。

2009 年 1 月 21 日，我從曼谷搭大巴，數小時後我站在了 Dhamma Suvanna 寬廣的園地上。這片土地成了我人生的轉折地。

當天晚上，課程在莊嚴的開課程式中開始了，音箱裡，葛印卡老師清楚地告訴我們如何觀察呼吸。於是我就照著他的要點，集中所有注意力開始練習。回到宿舍休息，躺在床上也繼續如是用功。

一天 11 個小時的禪坐，我開始漸入佳境，並欣喜於這條寧靜無擾的向內之路。

每天晚上聆聽開示，是最讓我振奮的時刻。觀看螢幕上葛印卡老師生動的講話，我完全沉浸其中。法談的內容太豐富了，有的呼應著我淺薄的佛學基礎，有的則博大精深，令我深思不已。

第五天晚上的開示對我來說是一大震撼。葛印卡老師講述了四聖諦及十二緣起法則。所有我曾看過的佛學書、去過的寺廟、聽過的法談，都沒能解開我心頭長久縈繞的疑惑。在聽了第五晚生動的講解後，我感到，一塊布幕被猛然掀開，如同烏雲被去除，陽光普照了全身。我終於豁然開朗：生命因何遷流，生命如何是「苦」，什麼是滅苦之道。

那天晚上的開示對我衝擊巨大，我心頭滿滿，卻沒有機會向任何人訴說。大家都就寢了，我毫無睡意。獨自站在空曠園區盡頭的一棵大樹下，任熱淚撲簌而下。那是欣喜之淚，因找到了回家之路。

記憶、聲音、畫面、氣息……，它們在禪坐中如潮水般湧來，將我淹沒。我去問了老師，老師告訴我，內觀是對心動手術，用功有效，故內心累積的雜染正一層層在剝離。「它們浮現到表面，繼而離去，要做的只是客觀觀察。」老師這樣指導我。

我煩躁的心安頓下來。「要利用好這十天的時間，我要多清除些內心垃圾才行。」我這樣告誡自己，並下決心發奮用功。每一坐，我都從頭坐到尾，特別是接近結束，很多同修都起

身去散步時，我依然保持靜坐，如入無人之境，意識越來越集中，身體也變得越來越輕盈。我感覺有股氣流從頭顱向上伸展，覺得自己好像頭頂一個圓球，懷疑那是不是佛陀頂上的大髮髻？我又再次去請益老師。老師說：「內觀是如實觀察身體上真實的感受，重點要瞭解感受生滅的實相。不要想像、不要猜測，要客觀觀察。」

我就這樣順著老師的指引，一一調整著自己的修法。盡可能地保持警敏的覺知，保持客觀中立的觀察，並對任何當下的感受保持平等心。如此，九天時間飛快地過去了。

第十天上午，我們帶著既期盼又不捨的心情進入課程的尾聲。心中期盼的是，終於可以與同修們交流了，並準備著再次步入世界。不捨的是，平生唯一一次禁語、完全獨處的十天就要結束了……。禁語解除前，我們接受了慈悲觀的教法。葛印卡老師深沉厚實、滿是振波的聲音充滿了整個禪堂。那聲波，穿透我們的身體，引領著我們超越凡囂，以愛與慈悲包裹整個地球……。

我們沐浴於正午的陽光，體會著一生中最快樂的時刻。我結識了一位來自俄羅斯的法友，她與我一樣對首次十日課程充滿了無言的感動。一位來自加拿大的法工在那時友好地為我們遞上慈悲日的霜淇淋。他講述了他的動人故事：一個下定決心走這條淨化之路的修行者，辭去工作，成為一位質樸的守林人，每年夏天連續在山中守林，獨自一人，時時練習覺知與平等心；而到冬天，則用整整半年時間服務全球的各個課程……。

這一切對我充滿了啟示。

回曼谷的路如此寧靜。大巴中充斥著喧鬧的泰語流行歌曲，大巴的內部看上去是那麼的花俏，不過這一切都不能影響我。我在我小小的角落裡，舒適而安寧，體會著這一刻的身體感受，也了知著一刻不停運作著的無常變化。我慶幸獲得了一份寶藏，可以在任何時間任何地點持續修習，而每一刻的正確修習都將為我去除些許的雜染，些微地讓我接近全然純淨。

在雪梨渡輪船頭忽然有一刻

2017 年 7 月 1 日，我剛完成在雪梨附近 Dhamma Bhumi 內觀中心的一期長課程。在雪梨環形碼頭，我跳上一艘駛往曼利的渡輪。

坐在船頭的長凳上，我自然而然的與鄰座攀談起來：「哦，雪梨港的落日太美了！」她轉過頭來微笑著回應：「是啊！那麼你在雪梨都去了些什麼地方？」「哦，我在一個與世隔絕的山間禪修中心，靜坐。那是一個禁語課程，叫作『內觀』，在那裡我們學習訓練掌控自心，獲得簡單而真實的快樂……。」

我們這樣交談起來。

忽然有一刻，我意識到這一幕似曾經歷過……。十年前，2007 年，在孟買機場的柚木長凳上……。

那一刻，我的眼淚掉了下來。

峇厘島法居二三事

穆 泥

一〇二三年十一月，我來到印尼峇厘島的 Dhamma Geha 法居內觀中心，以葛印卡老師指派的助理老師身份，帶領兩期內觀的十日課程。

我們的車自烏布鎮一路向北，沿蜿蜒的山間公路穿行於寧靜的山林。沿路一派熱帶景象，叢林茂密，綠意盎然……，從眼到心，令人喜悅。

中心簡樸的建築物與山巔風貌自然相融。若從空中俯視，會看到峇厘風格的紅瓦屋頂正精巧地鑲嵌於熱帶綠色叢林之中，宛如綠海中的一塊寶石。而這法居，確實是島上的至寶。

海外浪兒 / 五十名學員來自一、二十國

他們從歐美亞非拉各國出發，各有各的路線，數年行旅，一路流浪來到這個小島。峇厘的質樸、濃郁與寬厚，讓他們停歇於此，在人生的這個階段，過一段放鬆身心的寧靜日子。

在 Dhamma Geha 法居內觀中心，五十名學員來自一、二十國，稀鬆平常。瑜伽練習者、身心靈教練、心理諮詢師、

自媒體網紅、走世界背包客……，在這裡並肩而坐，濟濟一堂。

很多人是聽朋友推薦來的，也看到朋友身上發生的不可思議的改變，於是期待著也來上課；也有人是讀了尤瓦爾·哈拉瑞的《人類大歷史》（作者耶路撒冷大學教授 Yuval Noah Harari 在書末提到自己的內觀修行經驗）來的；有人則是看了《牢關內觀》、《正法兄弟》這幾部監獄內觀課程紀錄片，深受震撼而來；更多人則在社交媒體中獲得蛛絲馬跡的線索，如同被點化了一般，心心念念搜索著內觀課程的一切……。

交手機、不說話、與世隔絕、天天打坐超過十小時，如此連續十天……，一個比軍營更嚴苛的課程，卻能改變人的內心……。這樣的話題在朋友圈中口耳流傳著，於是，體驗這傳說中的神奇課程成了許多人魂牽夢縈的願望，在他們計畫峇厘島旅程時，終於將之完美結合。

課前準備 / 寬厚心與慈心

開課前三個月，報名通道一開通，報名表便如雪片般朝我湧來。

有不少學員在填寫報名表時，誠實自述了心理狀況：抑鬱、焦慮、創傷後緊張性精神障礙……。讀著他們坦誠的報名表，猶如會面。

課程是十一月的，但我的工作八月就開始了。每天，我需要在報名系統中仔細閱讀新收到的報名表；對特殊案例發送

調查問卷，以獲得對方的詳細情況。當收到填完的問卷時，則要更周詳地思考，他們是否有足夠的心力與體力完成一期需不間斷用功十日的課程。同時也要衡量，這位學員是否在目前這個時間點，已具備了足夠因緣，可以全然無礙地接受教法並完成課程。

課前工作是繁瑣的，但在過程中我體會到了它的必要性。人的內心世界微妙複雜，深入的禪修過程，讓過往累積的各種負面情結浮現到心的表面，它們不是些令人愉快的東西。若處理得當，負面情結浮到表面並得到清理，從此不必再受制於它們，那實在是生命中最值得做的事情。然而若相反，它的主人對之繼續產生當時繁衍它的負面心理，那將只會雪上加霜，累積更多的心理垃圾，也更加重痛苦。因而，學員是否已具備足夠的心理素質來面對心理垃圾，並能精勤、正確地運用課程所授的技法清除它們？這確實需要帶課者對個案做精細評估。

與此同時，在這一課前準備工作中，我也體會到了那與內觀特質別無二致的東西，諸如：以寬厚之心接納各種人群；願眾人走上離苦之道的慈心。

課前三個月就在各種表格、問卷、郵件中流淌著，我不斷深入瞭解著即將在法居中心會面的每位學員；我的耐心與慈心也日日得到滋養。開課日來臨，當我再次快速瀏覽學員表格時，感覺一切就緒，我將信心滿滿、慈心盈溢地接納每一位前來的習法者。

進入課程 / 我們再次在同一道上重逢

　　課程進展順利。第一天下午的第一次技法進度檢查，我與一組組的新學員近距離相會。在此過程，能與陌生的學員敞開心扉、眼眸相對聊聊他們的用功進展，實在是一個珍貴的時刻。簡短的問答之後，我們一起回歸靜默，一同運用相同的方法觀照呼吸。那靜默的幾分鐘，我們彷彿融入無聲無形的磁波裡，陌生感消失了。如同失散已久的學友，我們再次在同一道上重逢。空氣裡彌漫著無言的信任、交託、對這稀罕機緣的珍惜，以及那滋養自心並波及旁人的慈愛。

　　這一天的傍晚發生了一件奇事。

　　六點的集體共修剛結束，大家在稍事休息後將要聆聽晚間開示。此時天色已暗，周圍山林的上空壓滿了烏雲，一副大雨將至的樣子。學員們正準備步入禪堂。就在這時，不知從何方飛來一群蛾子。它們哪裡也不去，就停留在禪堂門口，雲集在那裡，盤旋飛舞；幾分鐘後，越來越多的蛾子飛來加入，密密麻麻，數量多到令人瞠目結舌。學員們被這景象震驚到了，但他們都謹守著「神聖的靜默」的規矩，保持鎮定，雙目低垂步入禪堂。幸好有門簾遮擋，蛾子未能循光湧進室內，不過，它們大團大團地駐守在禪堂門外，懷著某種興奮的情緒，似乎準備參加一場聚會。

　　禪堂內，葛印卡老師的法音流布開來。一整天，學員們依指示用功，到了晚上則安坐著聆聽葛印卡老師的開示。晚間

開示為禪修者闡明法理，在理論層面為這一整天的練習注入啟示。依著法理，禪修者們將在次日以更深厚的信心投入練習。

禪堂裡葛印卡老師的聲音沉穩有力，聲音裡包含著無形的磁波，充滿整個空間。置身其中的禪修者，聽得入神，身心溶化在那磁波中，與之共振、共振。

許多人從未讀過佛陀的經典，但通過這短短十日的密集禪修以及每晚的法理開示，他們卻得以全盤瞭解佛陀所教的精髓內容，並運用之，於身心內融會貫通。此十日可謂勝讀十年書。

也有一些人曾精研過各種佛學經典，然而常發生的情形是：讀得越多，越迷糊；彷如受制於文字桎梏，真義未明，實際修行更遙不可及。在這十日課程中，有許多這類學員在聽開示的過程中，落下熱淚。他們體認到，原始佛法其實是如此簡單清晰——大道至簡，唯讀不修則枉矣。值得慶幸的是，現在正坐在這深入實修的十日課程中，將法理與實修完美結合。獲得這樣的領悟，實在是人生大幸！熱淚因此而下。

葛印卡老師擅於將精深法義，以生動形象的方式加以闡述。他時常引入有趣的故事，讓人聽得津津有味；不經意間，聽者吸收了故事中隱含的深深法義。葛印卡老師的法理開示，博士教授能領會，目不識丁的老人家也完全能聽懂。

聽完第一晚的開示，飄浮在豐富法理海洋中的學員，意猶未盡地緩緩上岸。當他們走出禪堂時，發現大團的飛蛾依然沒散去，不過，它們變得安靜寧馨，彷如與室內學員一同因領受了開示而陷入深思。此時，它們的翅膀微微一開一合著，沉靜而安詳，散發著不同尋常的氣息。

除了停歇在牆面上的蛾子，地上還鋪了一層褐色地毯。定睛去看，才發現是一層飛蛾的遺骸。這著實讓人震驚，是怎麼回事？蛾子們因領受到了法，感到至福而死？

我們誰也說不清，牠們來自何方？為何而來？如何就在那個時間點飛湧而至？又為何只出現在禪堂門口這個奇妙的地點？是收到了某種訊息？牠們是如何向同伴傳遞這訊息的？誰在號召？誰在組織？「朝聞道，夕死可矣」，牠們是以這樣的方式集體表達對法的敬意嗎？

這只能成為一個耐人尋味的謎團了。

課程繼續進行著，鐘聲一響，大家再度投入修習。很快，此事被大家拋至腦後。

人就是人 / 出於同一母體

課程就這樣一天天進展著。

同學們依循葛印卡老師在每個時段所給的禪修技法，深入地用功著。遠離塵囂，他們的容貌越來越清朗。深入禪修，

他們的內心也越來越沉靜。時時關照著對身體感受的覺知，同時試圖努力保持自心的平等、平穩，他們的臉龐閃現智慧之光。

葛印卡老師在公眾講話中，常常講到：「人就是人。不論是黑人白人、東方人西方人、俄國人美國人、基督教徒佛教徒印度教徒，人就是人。」確實如此，課程在中國大陸或在峇厘島，坐在法堂裡的人，雖背景迥異，卻面對同樣的問題、困境；也經歷同樣的洗禮，受到同樣的內心震撼。

一天天，在禪坐中，他們的背景開始模糊，氣質開始相像。他們被無形的氣息所浸染、滋養；在呼吸間，在向內的探索中，舊模樣層層褪去，清朗、堅定、柔和的光芒取而代之。那成了端坐這法堂中所有人的底色。於是，不再有黑人白人、東方人西方人、俄國人美國人、基督教徒佛教徒印度教徒。他們出於同一母體，分離多時，在這裡找到源頭，融為一體。

駛過風浪 / 親身體驗直面感受的力量

有人經歷大風浪，這禪修方法幫她帶出過往雜染，這些在過去時日裡不經意累積的負面情結，如：悲傷、恐懼、憎惡……；或是貪愛、執著……；或是懈怠、空虛……。無論過去曾多用力地壓制，然而現在，在此禪修過程中，又一一浮現。在那當下，禪修者彷彿重回舊境，再一次經歷當時的痛苦感受，形同置身於大風浪中。然而，這正是這個方法要達到的階段：讓雜染以感受的形式，自然浮現到身體表面，

然後運用平等心，無貪無瞋、平穩客觀地了知它們的無常，如此，讓雜染自然消散。

我看到 Rea 多日來如坐小舢板，置身於風浪中心。她的肢體語言與面部表情告訴了我，她有多掙扎、多艱難。我願意每天中午花時間與她面談，體恤她的艱辛，給予慰藉，分享慈心，更提供她用功的要點。「這時刻如此關鍵，我們不能退縮，要客觀如實地了知感受的無常變化，由它們生起，而後自然滅去。我們能清除掉一層雜染，就體驗到些許的輕鬆。」

Rea 的小舢依然搖擺在風浪裡。每天面談時，她無助迷茫，打著退堂鼓；面談後，她又似乎鼓起些許信心，繼續去用功。一天又一天，我是她的護航人，我知道若她中途離開，大量氾濫的負面情緒對她不具任何好處。帶著未經治療、尚未癒合的傷口直接走出課程，傷害是巨大的。在踏出中心的那一刻可能感到「如釋重負」，但逃避並不能解決問題，內心積壓的垃圾仍會在不經意間襲來，那時，她將更無力應對。

一天又一天，我與她同在，時不時給她打氣，給予她信心與力量，提點她技法……，直至陪伴她進入課程尾聲。

到了第十天，內觀的修法告一段落，葛印卡老師教導大家練習慈心觀，也就是內觀的結尾部分——慈心回向——將我們所獲得的正能量與自己、親近的人、遠至一切眾生，一同分享。

第十天中午，我見到 Rea 臉上滿溢著快樂的光彩。她告訴我，現在感到輕鬆多了，她親身體驗到了直面感受的力量。她說，學會獨立清理自己的內在，真好，期待著在現實生活中運用它。這樣的時刻，護航人倍感欣慰。

浴火重生 / 無上離苦之道

這十天的課程，每個禪坐者都經歷了浴火重生。

我目睹了易怒者因小事與人爭執，一時被憤怒的火焰所掌控，以固有習氣大發雷霆的事件。到了下一節課，她回到禪座上，試著觀察憤怒的感受，學習以平等心對待。怒火消散了，人平靜了，可以從更全面的角度反觀事件了，對他人也生起了善心。

我也目睹有人始終喜悅開放，接納著法的照耀，以此滋養自心與腹中四個月的寶寶。她的容貌充滿了母性、慈愛與歡喜，讓人為之感動。

也有人半輩子獨身闖世界，兜兜轉轉，從地球各處到自心內在，尋找著至福之路，在這十天靜坐中，發現無上離苦之道正是此道，喜悅與殷重之心交織。

有一位名叫 Fara 的學員，也常來提問。看著她清亮的眼睛，聆聽她真摯的提問，我感受到這是一位非常認真的學員。在每一座中，我也看到了她全心著力的用功，奮勇掃除障礙，

讓自己每一刻都溶化在深入的練習裡。

　　最後一天，她依然前來面談，不過她不再有問題了，倒是給我講了個佛陀故事，大概是：佛陀的最後一世，也就是那位名叫悉達多的苦修者，為獲最終覺悟，在菩提樹下進入了不眠不休的堅定禪坐。日中，烈日當空，大海裡的各種生靈都想盡辦法，化身來為即將成佛的悉達多遮擋烈日。蛇王沿著佛陀的背，用蛇頭為他撐起華蓋；貝殼們則自發爬到悉達多的頭頂，形成一個個貝殼狀的髮髻……。講著講著，她向我攤開掌心，上面躺著一顆小貝殼。她眼裡閃著光，說道：「我在海邊撿到一顆貝殼，看到它，令我想起佛陀的勇猛精進。現在，我想把它送給你，願它為你帶來無限精進之力……。」

　　這是一顆不起眼的小貝殼，卻是大自然所創造的如此美好的物件，有著淡淡的紫色與精美紋理，背部隆起著一個個小突起，宛如佛陀頭上的小發髻……。面對這顆美麗的小貝殼，面對她真誠的眼睛，我無力拒絕。

　　於是，我收下它，讓它成為紀念，紀念這給每一參與者都帶來豐碩收穫的課程。

從環遊世界到回歸內心

椰　子

那年二十七歲，我決心獨自赴澳洲打工渡假，一圓環遊世界夢。

我在西南邊一個偏僻的背包客棧待了半年，遇到來自世界各地的素食旅人，他們看起來身強體壯、氣質清新，我隨之研讀相關資料又親身嘗試三個月後，發現身心靈皆往正向發展，便繼續實驗下去。

後來在另一個客棧碰巧重逢之前客棧認識的一位日本背包客 Momoko Tabata，我們相約一起去印度旅行，因為 Momoko，又認識一位德國背包客 Martin。Martin 聽說我打算去印度學瑜伽、吃各式咖哩，隨口分享了他在印度上過的課程「Vipassana」。他的介紹讓我想起茱莉亞羅勃茲主演的一部電影《享受吧！一個人的旅行》(Eat Pray Love)，女主角曾參加禁語靈修。他說中心提供的都是健康素食，包括各種咖哩。我沒有也不想要有宗教信仰，這課程正好無關宗教，而且膳宿都不收費，只任憑樂捐，這對背包客來說，旅費低又可藉此先適應水土，真是太棒了！Martin 提醒我課程前三個月一開放網路報名，就要立即申請，否則經常當天就報名

額滿了。若沒有 Momoko 陪同去上課，我也不確定自己是否有勇氣排除萬難成行。由衷感謝指引我改變人生的這兩位。

一位在澳洲認識的法國背包客 Thomas，已上過三次課程，經他再次推薦，我心裡就更篤定了。初抵印度，逢人就探聽禪修課程，很訝異大部分人推薦的也是葛印卡的十日課。我選了一個離市區大約七十公里、較有規模的內觀中心，回想報到那天，難以想像我們是如何趕到的，只能說一路猶如神助！

我們事先叫好計程車，但空等了兩小時過去後，那司機竟回答太遠了、不來了，只好打電話到中心，中心指引我們坐公車過去，但因為聽不大清楚印度腔英語，麻煩餐廳員工跟中心再確認，好不容易上車後，再次請鄰坐的印度人幫忙跟中心確認下車站牌，印象中有位善心人士陪我們下車又上車，當時狀況緊急混亂，我們勞累不堪，只記得最後在某個奇怪的位置下車，走了一小段路後，終於遇到中心的巴士。當我們走到最後一排，看到僅剩兩個座位，我全身起雞皮疙瘩，那是注定為我們預留的嗎？我的天！

這個痛讓我發現心重度習慣向外

上課之前，我已在澳洲海邊及住宿處預習過靜坐。閉上眼睛後，心跟著思緒周遊列國，一下在過去，回到當下沒多久，一下又去未來，就這樣覺得已撐過半小時了，張眼看看時間，竟然五分鐘都不到。不過，我一點也不擔心如何度過嚴峻的

十日，只要想到可以十天不講話，不知為何就莫名輕鬆開懷。

第一天進禪堂，我就跟老師開示說的一樣——「人一出生眼睛就向外看」，我快速掃瞄四周，發現沒人拿掉墊子上的小坐墊，基於不想與眾不同、引人注目（其實根本沒人在意這瑣事），我忽略直覺感受，也沒拿掉小坐墊，結果五分鐘就坐不住，變換姿勢不到五分鐘，又受不了了，就這樣換來換去、墊來墊去，最後連腳踝也墊起來，墊到像沒小坐墊一樣平坦，早知一開始坐平墊就好了。

整個禪堂百來人，但極其安靜，我怕一直動來動去會干擾別人。忍著忍著，痠完之後痛，痛完之後麻，開始擔心坐到腳「殘廢」。為「獎勵」自己，我十來分鐘就慢慢換姿勢，後來延長至十五、二十、三十分鐘，直到懶得再換姿勢，雙腳已麻到沒知覺，又像離地騰空，趕緊睜開眼睛，發現腳還健在，且已過四十五分鐘，快下課了，頓時「好有成就感」！

這個痛讓我發現自己的心重度習慣向外，也認識到人人有別，應坦然接受差異。一位坐我前方的八十幾歲女士，始終穩穩安坐，她的背影及禪堂深邃無邊的寧靜，支持著我對自己保持耐心。

印度人似乎毫不掩飾對外國人的好奇，即使課程規定不可與人眼神交流，前三天用餐，我以眼角餘光察覺到正被人注視著，發現右邊果然有位印度人固定往我的方向側坐，邊用餐邊觀察我。到第四天中午，我走到餐位時，怒火突升，心

中暗吼：「你到底要觀察我到什麼時候？」但當下同時警覺到自己在發怒。第五天中午，情況仍然一樣，但我已轉念自問：「還繼續發火嗎？」然後慢慢坐下來，發現已發不起火來。她沒變，但我變了。

連日聆聽開示及深自反省，我明白前三天腳痛讓我不能好好觀息、毫無進度，第四天進入修內觀，還要一小時堅定禪坐不能動，那讓我滿心焦躁，生氣自己跟不上進度（心中有火），而第五天我已不介意會停留在觀呼吸到第幾天（心中沒有火），畢竟內觀法必須自己在一生中不斷修練。當心中沒有火，外境如何讓我燃燒？心中的火百分百是自己點燃的。光是徹底看清這件事，花這十天也太值得了！

法工服務讓我更有力量再次踏入社會

課程末尾有一天回想起職場上一位曾傷害過我的人，也是我從沒想過要原諒的人。那是我人生中第一次體驗到，當我們極度憎恨時，身體同時會變很虛弱，這也直接驗證了開示中提到的，當心中怒火一升起，第一個受傷的就是自己。過去只要一想起，內心憤恨總排山倒海而來，但這次我觀察到自己內心卻平靜無波，這禪修方法非常不可思議，原諒竟然就這樣發生了！

雖然痛了將近十天，沒有跟上整個課程，但也足以讓我在結束課程後，對所有的一切重新看待，發現自己看世界的角度都不一樣了！這十天真是非常珍貴難得，藉由如實觀察自

己，才發現根本不認識自己。由於對這方法及挖掘自己都十分好奇，課程結束後，我持續每日兩三小時以上的練習。

在體驗國際志工一年後，回台灣途中我先在英國中心 (Dhamma Sukhakari) 當三日法工，也上三日課程，然後再到德國中心 (Dhamma Dvara) 當幾天法工後，上了一次十日課，接著再去法國 (Dhamma Mahi) 當十日法工，再到日本 (Dhamma Adicca) 當十日法工，回台灣上十日課及十日法工。

我最開心的工作就是在中心當法工。當法工會認識一同在法中成長的朋友，尤其從必須立即與來自不同家庭事業背景的人合作中，可切實練習如何將內觀運用於日常，這跟課程一樣，要親身經歷才能體會何謂「法喜」。法工服務讓我更有力量面對再次踏入社會的工作應對與人際互動。一個適合自己的修行方法，會自然改善你與所有人事物的關係，修習內觀後，我如實見證了這些變化。

禪修調整了我的生活作息，改善了我不耐煩的性格，並保持平等心按進度努力，通過國家考試，幸運得到一份穩定的工作。阿母有感於此，後來也報名上課。

因為這旅程而找到回歸內心的道路，我深深歡喜，非常感恩。

願我們全家繼阿母之後也都來學習內觀，得到法的利益，真正離苦得樂！

第一次印度修行之旅奇遇記

蕭集智

九九七年年底，葛印卡老師引領我踏上正法之旅。我在法崗歡喜完成第一個十日課，又到齋浦 Jaipur 的 Dhamma Thali 中心上了兩個十日課，和第一次法工服務，並利用旅途空檔時間遊覽名勝。

一路上狀況不少，有些還頗傷腦筋，讓人無可奈何；然而，很奇妙地，每次困難到最後都順利消解，如有神助。

讓我從回憶中抽取二三例，來說說不可思議的趣事吧！

飛機為等候台灣旅客報到而遲飛

印度法崗內觀中心的課程結束之後，一輛巴士載著一群約莫二十位來自台灣的法友前往阿羅拉石窟一日遊。車行好幾個小時，幾近傍晚才到石窟，大家趕忙穿梭在許多大大小小的洞穴間，設法體會一下以前聖者們的修行生活，夜宿附近一旅館。

第二天，天還壓壓烏，又原車踏上歸途，這次的目的地是孟買的國內機場。天際出現魚肚白時，車子拋錨了，停靠在路邊。全車人下來舒展筋骨，並在小攤喝熱騰騰的印度奶茶。

過了八點，修車的人拿著工具來了，原來是輪胎被釘子戳破了。讓我們很納悶的是，司機自己不會換備胎嗎？硬是要等修車工上班來修理，害我們苦等兩個多小時。

大巴又重新擠入繁忙的車流。車行個把小時卻碰上大塞車，大巴完全停止，我們開始著急了。同行的一位印度法工說，看這情況，今天你們可能會錯過飛往 Patna 的航班了（我們有十六位要飛 Patna，從那兒開始我們的朝聖之旅）。他接著提醒我們要有「平等心」準備接受這事實。

他不知，我們不但已有「平等心」了（不然能怎辦）而且也有「無常的了知」，知道不可能就這樣堵死，總會動的。是的，終於動了，但還是走走停停。

印度法工再度提醒，照目前車速，我們鐵定趕不上飛機的，要有平等心、平等心、平等心。

到了孟買郊區，大巴突然通行無阻，每逢紅綠燈交叉路口，就是綠燈放行。這時司機好像非常享受能穿梭在橫衝直撞的人群及車陣中，猛按喇叭、馬力全開，勇往直前。但我們還是超時半小時才進入機場範圍。

不過，如有天助似的，當大巴停在航站門口時，有五六位美麗如仙女的印度航司女地勤員，引頸看著我們。為首的一位上車來問我們是否是要去 Patna 的客人。能聽懂英語的幾位同時大聲的答 Yes。這位仙女說，快帶行李到櫃檯辦手續，

飛機在停機坪等著你們呢。她還說，機長看到乘客名單中有一大串奇奇怪怪也很難唸的名字，想必是外國人，也必定是在路上受阻了，決定延遲起飛等我們。

最後起飛時，大約遲了一小時。後續行程的旅行社人員很高興能在 Patna 機場如期接到我們，而幾位要回台的同伴，也可以好整以暇地去國際機場候機。

從民宿客人變婚禮「神明」貴賓

朝聖之旅結束，大家在 Varanasi 瓦拉納西解散。除了太太克端與我想留在 Varanasi，其餘的都要回台灣。

在開示中，我們聽葛印卡老師說 Varanasi 是產醇酒和大麻的古老聖城。我們是內觀沙門自然不是被大麻和醇酒所吸引，我們是衝著「古老聖城」而留下的。

我們住進一個有很大花園庭院而且房間很多的民宅。主人曾經留學美國波士頓，為人熱情好客。我們待在那兒一星期中，他常請我們喝午茶聊天，也曾請我們吃他自豪的「燉羊肉」。

第二天，他要求所有住客離店，因為接下來的三天三夜，這間民宿被一家人包場辦婚禮。他唯獨把我們留下來，並說我們可以作為貴賓參加婚禮。印度人很歡迎在婚禮上有看似高貴的陌生人在場，他們會把陌生人看作是「神的化身」，來給婚禮特別的祝福。我們很樂意權充一下神明，可以全程觀摩印度熱鬧繁瑣的婚禮，還能免費享受宴席。克端從台灣帶

來一組化妝用品，還沒有拆封，剛好送給新娘作禮物。這禮送得這麼適時和恰當，我們當然被視若神明無疑了。克端身上還具有一種母親的魅力，竟吸引了三位年輕小伙子前來向她行「頭足禮」（編按：即行禮者以兩手掌承接受禮者之雙足，並以頭面接之，在印度是表示最尊敬之五體投地禮法。），並且問東問西，好不熱絡。

火車上遇見最是正好大貴人

在 Varanasi 探訪名勝古蹟一個星期，我們接著就要搭火車前往 Jaipur 齋浦，但我們打算中途在 Agra 市下車，花一天時間專程去參觀世界著名古蹟 Taj Mahal 泰姬瑪哈陵。

Varanasi 車站很大又老舊嘈雜，廣播一直播放哪列車在哪個月台上車的訊息。廣播系統品質低劣，加上印度英文顛覆了我們的英文認知能力，總覺得捕捉不到我們列車的訊息，只好豎起耳朵杵在天橋上，小心等候下個訊息出現。

這時有位印度中年男士問我們有什麼可以幫忙的嗎？我說我們聽不清楚廣播。他就幫忙仔細聽，但也搞不懂。他請我們等在原地，他立馬去站長室替我們查清楚。幾分鐘後，他回來告訴我們，我們的車五分鐘後就會進到 XX 月台，請我們抓緊時間前往。謝了這位善心人士，我和克端就向這個月台奔去，須臾間車子到了。我把行李先放上車，再把克端拉提上來，在人群中奮力前進，終於找到屬於我們的座位。這時已是大汗淋漓，我把行李放在座位下，拿出手絹擦汗。

坐在我們對面的是位一身白衣褲的印度中年男士，他微笑友善地問我們從哪裡來，來印度做什麼，再要去哪裡。當他知道我們要在 Agra 站下車去參觀泰姬瑪哈陵時，他問得更詳細了。除了泰姬陵，還計畫去看其它名勝古蹟嗎？計劃住哪裡？……等等。我告訴他，我們這次目的地是去 Jaipur 禪修，只因為泰姬陵名氣大又順路，所以要在 Agra 停留一兩天，沒計劃要住哪裡，到了再看看。

他說，Agra 市有很多名勝古蹟值得去看，接著又問，要不要他幫我們安排住宿及規劃參觀路線？出於禮貌，我欣然接受他的好意。他旋即從上口袋掏出一張名片，上頭的內容讓我大吃一驚，簡直不敢相信。我們居然在印度十三億芸芸眾生裡，碰見一位最是正好的人物── Agra 市的旅遊局局長，Mr. Brown。

到了 Agra 站，他的公務車已在出口處等候。他請我們上車，把我們送到一個叫 Hôtel Kent 的酒店。他說那是旅遊局下屬的旅館，頗乾淨且收費便宜，每晚只收六百盧比，我們可以住在這裡，如想要可以走去對面的香格里拉大飯店，那裡一晚三千四百盧比。他建議我們就住在 Kent，但去香格里拉享受那裡的設備。臨別時，他還交代櫃檯引領我們搭乘當天下午的市內遊覽車，參觀市內的一些景點觀光。

就這樣，我們輕鬆愉快地瀏覽了 Agra 市，還承蒙免費招待。次日，如願拜訪了泰姬瑪哈陵。

隱世農莊與我的「印度家人」

蕭光志

因緣際會下，我曾到世界各地許多內觀中心上課和服務，結識了無數摯友。大家雖然成長背景不同，個性與行事風格有異，但因修行方法和所獲法益的一致，以致相逢時總有種他鄉遇故知的感覺。其中許多資深禪修者都曾到內觀發源地印度待過一段不算短的時間，我自己也陸續造訪印度十餘次。回想起來真是不可思議，印度從不是我所嚮往的地方，但冥冥之中卻似有股力量不斷把我拉回那裡。

時間回到 2008 年，我與當時的老闆一起出差到印度，那時正值雨季，來接待的夥伴告訴我們，接下來幾場會議勢必延誤，孟買一下雨，街道就會癱瘓。在堵車途中，我看到幾頭牛正在街邊悠哉漫步。在這裡即使你開的是百萬名車，也得乖乖等聖牛過馬路；大雨中的孟買，不管富豪還是乞丐都不得不把步調緩下來。這算是某種程度上的「眾生平等」吧？

葛印卡老師常說「別把內觀當作一個宗教」

開完會後，我向老闆告假造訪 Igatpuri。那是個連當地人都有點陌生的小鎮，但卻是世界上第一個內觀中心——法崗（Dhamma Giri）的所在地，於 1969 年成立，如今已是全球

內觀舊生仰慕的「內觀總部」。

內觀 Vipassana，為一個古老的靜心法門，傳承自兩千五百年前的佛陀，葛印卡老師將它從緬甸帶回到其發源地印度，以非宗教的形式推廣到全世界。據統計，過去五十多年裡，平均每十年全球內觀中心數量就會翻倍，截至 2024 年，全球已有超過二百四十五個中心。

葛印卡老師常說：「別把內觀當作一個宗教，否則內觀的精髓將會消失。一個組織型的宗教，其目的即造福所有宣稱隸屬於該宗教的成員，而正法是屬於全人類的，要保持正法的普世價值，絕不要讓正法成為一個宗派組織。」

依循這原則，全球內觀中心所有課程都是免費的，中心所有工作人員包含老師在內也都是義工。中心從不對外募資，也不曾收過任何機構的補助和捐贈。所有營運費用都來自舊生（上過課程的學員）佈施捐贈，金額不限，每個人隨自己能負擔的程度來捐款。

外人多難以想像，這樣一個世界性的組織如何能光憑學員自發捐款和義工協力而蓬勃發展。美國資深內觀老師 Dr. Paul Fleischman 舉了一個十分貼切的例子：「內觀中心的運作好比美國一條連綿數千公里的健行步道，它不隸屬任何機構，所有人都可以免費上路，享受大自然的美好，而多年來這條道路的維護經費則來自所有人自發性的捐贈。」當你接受他人慷慨解囊而獲利得益後，自然想要回報並且分享，而

你的快樂會因回報與分享而加倍。

在內觀中心看到印度的另一個面貌

那天我搭了兩個多小時火車抵達 Igatpuri 火車站，轉乘了一輛三輪車，終於抵達法崗內觀中心，正逢課程結束的前一天「慈悲日」，學員解除了禁語。辦公室法工給了我一間宿舍，讓我跟大家一起靜坐一天。

雨中的內觀中心十分安詳美麗，我拿著宿舍號碼沿路標走去，簡直看不到盡頭。這中心規模很大，有三座大禪堂供集體共修，每座都可容納上百人，總共可以容納約四百名學員。我在歐美去過的中心最多也才能容納一百四十人左右，與之相比真的是小巫見大巫。學員住宿分好幾區，每區都以一個英文字母標示，幾乎所有宿舍都是獨棟的單人房或雙人房。

總部不止規模大，設施應有盡有，連清洗馬桶的刷子邊還另附一隻清洗馬桶刷的刷子，就可想見其周到。這裡除了本地學員外，常有許多外國學員，所以餐點頗為國際化也格外豐盛。

課程中許多學員覺察到我的到來，共修後都主動過來與我攀談，他們每個人都是神采奕奕的，眼睛明亮清澈，臉上堆著溫暖的笑容，看得出來他們心中都充滿快樂與安詳。想必在這十天內，他們都順利度過了心中大大小小的風暴，都已將許多根深柢固的煩惱清除乾淨，彷彿完成了一個心靈手術，

感到前所未有的輕鬆和自在。我得到許多意想不到的關愛，他們紛紛邀請我到他們的家暫住一晚再載我到機場。

很多人對印度的印象都是窮困髒亂，滿街乞丐、掮客，但在內觀中心看到的印度完全是另一個面貌。那裡的人都純真且正直，又極富愛心同情心，對外國法友的照顧熱情且無微不至。在內觀中心裡面，我總是感到十分安心。

黑門發現內觀就是他一直在找尋的道路

用餐時間，我看到剛才聊過話的一位男子獨自在餐廳角落用餐，於是端了一盤食物在他旁邊坐下，他對我報以溫暖的微笑。

他叫黑門（Hemant），已數不清是第幾次來這裡上課，每當他覺得需要靜心一下，就會放下一切來此閉關。看起來約莫四、五十歲的他，早在一九八〇年代內觀課程發展初期就已經跟葛印卡老師上過課了。他兄弟都在孟買經商，但他一心只想追隨上師尋求真理。有一天上師告訴他，將帶他到一個殊勝的地方閉關，以滿他的心願。他很興奮，以為將到喜馬拉雅山山腳，或是哪個深山洞穴修練瑜伽或冥想，沒想到卻被帶到內觀中心報名上課。對靈修有刻板印象的他，跟許多剛開始接觸內觀的人一樣覺得困惑，整天就只坐在那裡觀察著自己的呼吸和感受，不知到底在幹嘛，就這樣硬撐到最後一天，他才領悟上師要傳達的信息，也發現原來內觀就是他一直在找尋的道路。

他邀我到他家住一晚，隔天再送我去機場，我欣然地接受。我們沿途攔公車，爬了一座又一座的山，最終抵達一個小鎮，他太太珊吉塔（Sangeeta）開車來接，非常歡迎我參觀他們的農莊。原來黑門想讓我先在他經營的「隱世農莊」（Hide Out）休息一下，再開車載我回他孟買市區的家。

他的農園一派原始天然，所有建材都取自大自然，十分乾淨且舒適雅致。他種植多種蔬菜和水果，用餐時，我們到農地繞了一圈，隨手摘了些生菜與水果立即享用。他和太太所烹調的料理也讓我驚豔，不像一般印度菜那樣油辣鹹，總是烹煮到看不到食材的原貌，他們的料理則是汆燙後，簡單淋拌各種印度香料，色香味俱全。

我們同坐在搖床上邊喝印度奶茶吃零嘴，邊談天說地。他說當年他決定在窮鄉僻壤買這塊地並回歸自然生活時，兄弟與朋友都覺得他瘋了，但經過長年努力，原本貧瘠的土壤不但已蔚然成林，隱世農莊民宿也越來越有名氣和口碑了。

拜訪了農莊之後，他載我回孟買家，並介紹兩個孩子給我認識。第一次看到他們時，就覺得他們的氣質脫俗。一般來說，印度小朋友通常比較安靜內向，他們也是如此，然而他們眼神和動作上卻有另一種說不出的寧靜氛圍。小兒子阿弟塔（Aditya）總安靜地幫媽媽做家事，大女兒長得很像媽媽，聽到她名字「阿尼恰」時，我愣了一下，黑門笑笑說：「沒錯，她的名字就是巴利文 Anicca。」只要上過內觀課，就一定會

學到這個巴利文「無常」，因為老師總不斷提醒我們，不論你經歷到什麼感受，不管它是愉悅的或痛苦的，一切都在變化中，一切都是無常的，Anicca, Anicca, Anicca……原來媽媽在懷她時，也去內觀中心上過課，因而為她取了這個名字，她是名符其實的內觀寶寶，怪不得比其他孩子來的穩定。後來，阿尼恰十八歲時也上第一次內觀課程，她寫信告訴我，課程中每當老師說無常、無常、無常，她都以為是在叫她。

黑門的媽媽也非常有氣質，她總將白髮梳得整齊光潔，衣服也燙得平整挺直，而且英語流利，談起兒子時眼神流露滿足和喜悅。有一回我朋友去找他們，在農莊住宿一晚後，黑門媽媽就陪同他們去內觀中心，車上還有一箱箱有機水果要捐贈給中心。如果我到她這年紀，還有餘力繼續奉獻自己，那真是不枉此生。

這麼多年來，我與黑門家一直保持緊密關係，他們已成為我的「印度家人」了，每次回印度都會在隱世農莊住上幾天，他們也欣然接待從世界各地來的內觀友人。

那年在比利時中心跑堂

蕭光志

⎯○一○秋季，我來到荷蘭參加一年一度於阿姆斯特丹舉辦的影音廣播的展覽。身為產品經理的我，被派到此與客戶和合作伙伴開會，並介紹公司最新產品。展覽結束後，我向公司告假幾天，就地展開我的內觀之旅。

荷蘭並無內觀中心，最近的中心是位於比利時境內與荷蘭交界處的 Dhamma Pajjota，意思是「正法之光」。該中心環境幽靜，佔地遼闊且緊鄰森林，十分適合禪修。該中心的獨特之處之一就是所有設施都是無障礙的，行動不便者也可以來此上課。由於歐洲內路交通方便，學員和法工來自鄰近多個國家，課程同時以英語、法語、荷蘭語進行，若想聽其它語言也可以另外申請。

由於我來得很早，填完報名表後就到中心圖書室看書。有位法工突然來請我到廚房商量要事，一進廚房看見幾位來自德國、法國及日本的法工，大家稍微寒暄一下，他們就說明請我到廚房的原因。原來該期法工不足，他們問我是否願意轉作法工。

看到大家相處那麼融洽，廚房設備和環境又那麼先進與整

潔，再加上他們殷殷期盼的目光，我立即答應了，當時渾然不知接下來的任務竟那麼艱辛！但也正因此，這次法工服務讓我印象特別深刻，至今仍歷歷在目。

十日過後感覺像打了一場硬仗

對於從未在餐館工作過的我，在內觀中心廚房服務真是很新鮮的經驗。組長每晚會和大夥兒開個簡短會議，分派隔天工作，大家可自由分組並選擇負責項目，只要願意，每個人都可嘗試廚房裡的大小工作。每天早上，負責準備餐點的法工會按照每日菜單準備食材，並依食譜指示來料理，就算廚藝不佳也不用擔心，組長會從旁指導，不時看情況進一步調整。

負責製作 yogurt 的法工，每晚需將附近農場運送過來的生牛奶倒入大鐵鍋裡煮沸，熄火後將溫度計放在鍋中測量溫度，等降到四十四度左右，再將冰箱中剩餘的 yogurt 倒入，接著蓋上鍋蓋，用布將鍋子包緊密閉，再拿棉被捆裹起來，靜待發酵。

早餐除了 yogurt 外，還有現成的梅子與生菜沙拉、新鮮麵包。我們只需將麵包從袋中取出，放到麵包籃中，再擺上抹醬。抹醬總類很多，有奶油、花生醬和比利時特產的咖啡餅乾醬。此外，還提供麥片與鮮奶、咖啡。

每天早上還要沖泡藥草茶（herbal tea），這是我覺得最幸

福的工作之一，也是該中心餐點的一大特色。中心有十幾桶不同種類的藥草，每天早上泡的藥草茶組合都不同，各具風味。藥草茶製作簡單，只需放入菜單指示的份量，倒進水壺以小火慢煮，時間到一桶香氣四溢的藥草茶就完成了。

由於我們七、八個人得負責料理七、八十位學員的三餐，因此我們無法好整以暇選擇想嘗試的工作，每個人只能專注於自己較拿手的項目。日本人與德國人發揮其民族一絲不苟的精神負責主菜，他們總能精準掌握火侯和味道；德國女孩們負責製作 yogurt 和準備麵包麥片等，這是她們從小到大吃慣的食物；而我就負責藥草茶和跑堂。

跑堂負責端食物，還要時時查看餐點供應情況。在其它中心廚房，跑堂可能最簡單也最沒壓力，然而在這裡可大不相同。其它地方學員用餐後會各自洗淨餐具，但在這中心，所有用過的碗盤都要搬回廚房，由法工負責洗淨、擦拭和收納。

用餐前，我得先把一碟碟乾淨的碗盤從廚房抱到餐桌上，再擺好各類刀叉餐具，接著把麵包籃端出去，再準備幾個碗盤架和兩大盆水，倒入些許清潔劑，讓學員將碗盤簡單地洗淨後擺在碗盤架上，最後再將主菜端上桌。

用餐時間我必須不斷查看，一見食物短缺就要趕緊補充，看碗盤架快堆滿了，就得趕忙提供另一個空碗盤架，然後抱起放滿用過碗盤的架子直奔廚房。抱著沉重架子的我得用屁股頂開餐廳門，通過玄關，再頂開通往廚房的厚門。若廚房

已堆滿待洗碗盤，就得趕緊先沖刷一批，整齊擺上碗盤架、推入洗碗機，然後再快速送空碗盤架回餐廳。

我發現歐洲和亞洲的學員有個明顯的差異：亞洲學員發現餐盤空了，會摸摸鼻子認了；歐洲學員則不然，他們會主動要求加菜。每當麵包籃空了，他們會提籃到廚房門口等，我就必須來回奔波補給。

學員用餐完畢後，我們要將所有餐具拿回廚房，由三位法工負責逐一擦拭、洗淨、擦乾後，分門別類堆疊起來。若平均一位學員一日使用四個碗盤、一個杯子以及五種不同餐具，等於每位法工一人要洗淨並歸位一百個碗盤和一百三十件餐具，這還不包括盛菜的鍋碗瓢盆。

負責跑堂的我，每次用餐時間真所謂「馬不停蹄」，有時累到不行時，必須呆坐在玄關樓梯上喘息一下再繼續工作，晚上則倒頭就睡。

十日過後，感覺像打了一場硬仗，全身痠軟無力，比當學員辛苦數倍。或許這是老天為我特別安排的課題，讓我清償幾十年積欠的勞動債吧？

體驗到母親的偉大及無我佈施的快樂

在百般忙碌之餘，還有個小插曲。有位德國大叔拉肚子，事務長請我準備熱薑茶舒緩他的腸胃不適。從不知薑茶還有

此功效，看來每個民族都有其獨特的生活秘方。每到用餐時間，他就拿著他的熱水瓶到廚房門口等，而我總要在百忙之中抽空為他特調。就這樣提供了兩三天後，他還是繼續出現。事務長得知後很訝異，對我說：「這是最後一次了，下次他再來，告訴他沒有了。」然而，只要他一出現，我就繼續幫他準備。

後來回想，為何我有如此的耐心呢？我們沒必要滿足學員所有的需求，那不切實際。然而，想起母親給我們無盡的愛、全然的包容和無所求的付出，何曾對我們說「夠了，已經沒了」或是「我很忙沒時間照顧你」？非但如此，即便我們已擁有夠多，她仍不停地問：「還餓嗎？還不舒服嗎？」我在那幾天體驗到那種全然無所求的付出，只希望對方能安樂，而母親卻是日復一日、年復一年的付出。

因這次經歷，我瞭解到為何佛陀說，就算我們此生什麼都不做，只作牛作馬服侍雙親，也不足以報答他們於萬一。我對學員深深感激，謝謝他們讓我有機會體驗到母親的偉大，以及無我的快樂。

獲得為法服務的禮物

課程結束後，我到布魯塞爾度過剩下的一天。我出發前上網隨手訂了一間民宿，沒想到等待我的是一棟十九世紀的法式宅第，有優美的庭園，還有一隻可愛的貓迎接我。一進屋，

我的心就融化了，挑高屋頂古典華麗，夕陽餘暉透過門簾輕灑進來，宛如一幅宮廷藝術畫。房間內大到奢華的浴室，裡頭有一個特大號的浴缸供泡澡，讓全身上下都痠軟疲憊的我得以放鬆。

主人是一名退休人士，一口濃厚的法國口音，他與太太住在其中一層樓，其它樓層房間出租。我在稍微休息後正準備外出，屋主特地詢問明早用餐時間，由於我必須五點半左右出發趕車到阿姆斯特丹搭機返台，因此婉拒，不料他卻堅持一定要幫我準備。隔日天未亮，我整理好行李，躡手躡腳地下樓，想把鎖匙留在玄關桌上後直接離開，卻見主人已在等候了。我進餐廳一看簡直傻眼，滿桌食物有果汁、咖啡、火腿、起司、麵包、抹醬、還有一整條法棍麵包。原來這就是他堅持我一定要吃早餐的原因啊！

我感謝他為我一大早起床準備豐盛的早餐，沒想到他還鄭重道歉，說由於太早買不到剛出爐的麵包，只能提供昨天買的。我既感動又感謝，著實欽佩歐洲人對服務品質的堅持。

出發到歐洲前，絕對無法想像這一切，想必是「無我佈施」真會帶來出乎意料的好運和福報吧！之後連年內觀之旅，我也都有類似的感想體驗。

感恩幫助我完成內觀之旅的所有人。

法國中心維護服務的啟示

Allen

二〇一三年底，英國內觀長課程結束後，我來到巴黎，準備到法國內觀中心待一陣子。中心位於巴黎近郊，歷史極悠久，但因重新翻修過，建築和設施格外新穎。相較於英國中心的宏偉壯闊，法國中心顯得嬌巧，從辦公室入口處望去，只見幾棟建築物以禪堂為中心點，成放射狀座落四周。

由於期間沒有課程，所以我報名了十天的園區維護。全球內觀中心都差不多，每年春秋兩季各有一次園區維護。那次約有十位法工，大多是法國當地舊生。我被安排住一間原木建造的獨立套房，房內設備應有盡有，但沒隔間，淋浴室只以玻璃門相隔，馬桶在角落，與床鋪間砌著一道矮牆。門窗一開就是整片樹林，有種隨性豪邁的原始感。

提哈監獄出來的「半個印度人」

頭幾天我與其他三位法工負責挖掘一條深約一公尺、長約二十公尺的地道，用途是埋設電子鐘線路。首先，先把草皮像切蛋糕般切成一塊塊，挖起來擺在一旁，然後不斷鏟土，從早上七點半吃過早餐後，一直忙到下午五點。帶領我們的是一位年約五十多歲蓄長髮的法國人，雖然在臉上看得出歲月的痕

跡，但他充滿陽光且幹勁十足。每當我們挖到堅硬巨石，無法突破時，他總是「身先士卒」，毫不猶豫地跳下溝中為我們清除障礙。有他堅實的臂膀，我們雖筋疲力盡也相信使命必達。

與他一同揮汗如雨時，我隱約聞到一股熟悉的味道，腦中突然浮現印度人的影像。我揉了揉眼睛，眼前的這位大叔明明是法國人，為何我會有這種錯覺？後來與他聊起，才解開疑竇。

原來他是「半個印度人」。並非他有印度血統，而是他確實在印度待過十多年。和許多歐美青年一樣，他曾是個浪蕩嬉皮，在印度四處遊蕩，有一次在德里機場被搜出大麻和毒品，便被關進德里的「提哈監獄」。

早期內觀十日課程結束後會欣賞一部名為《牢關內觀》的影片，報導內觀禪修如何引進監獄幫助受刑人，那監獄就是印度規模最大也最險惡的提哈監獄。「沒錯，就是影片中那個監獄，我在那裡待了十幾年。」他眼角上揚，眼神彷彿回到當年：「頭幾年，我生不如死，覺得這輩子完了。我就是獄中最初幾批內觀學員之一，接觸內觀徹底改變了我。之後，我在獄中當內觀法工，服務其他受刑人。現在想想，還滿感激上天給我的懲罰，若不入獄，或許我就不會接觸到內觀，現在也不會站在你面前，哈哈。」

他對不堪的往事沒一點悲傷情緒，只像是在說別人的故事一般娓娓道來。出獄後，他回法國待在郊區森林小屋中，不時自己閉關，享受寧靜。想起葛印卡老師說的，其實我們跟

監牢裡的人本質上沒有不同，都是內心煩惱和習性反應的囚犯。我們不斷製造不善的業行讓自己受苦，沒有人有真正的自由。內觀幫助我們面對煩惱，改變內心深處的習性反應，讓我們學習作自心的主人。眼前這位師兄真是個活生生的範例。

根除煩惱染污好比挖掘樹根

第四天我被安排到另一組，隨其他法工跳上貨車前往工地。這是進中心以來第一次有機會坐車繞行園區，才發現園區其實大到難以想像，不僅有一整座森林和菜園，光從餐廳到大門口，開車也要好幾分鐘。我們出了中心大門，來到一處空地，只見好幾座游泳池大的蓄水池，那是園區的廢水處理廠，也是積存雨水的地方。

我們來到一處約有兩座籃球場大的荒地，地上滿佈樹根和泥濘。我們要把這塊地整治成蓄水池。我一看不由得頭皮發麻，感覺根本是不可能的任務，但見其他法工紛紛跳進泥地開始幹活，也只好咬牙下場。

我拿起大鋤頭用力砍，樹根紋風不動，手卻陣陣發麻，連砍多次都無法撼動。不斷嘗試後，才逐漸抓到訣竅，首先要用耙子將樹根周圍的泥濘挖掉，然後用大剪刀把相連的枝幹切斷，最後才拿鋤頭朝樹根砍下去，將它連根拔除。

有些樹根看來淺小，但其實根深柢固；有些看起來很難對付，卻兩三下就挖起來。隨著日子一天天過去，我逐漸熟練

各種工具，也知道如何對付各樣樹根了。

其實在禪修中根除煩惱染污與挖掘樹根很相似。我們不斷透過覺察身心感受和保持絕對的平等心，將內心深處的業習拔除。有時候粗重的感受可以很容易地被消融，有時候卻固執地不想被挖除，這時候我們就必須先將注意力從該感受的核心移開，開始遍掃全身，去感受核心所牽連的地方，必須有系統地先遍掃身上較細微的感受，然後再回到核心，直到全身上下所有粗重的感受一一消融，最終連感受的核心也一併消失。

如同挖掘樹根時必須選擇使用不同工具，禪修時每一刻所面對的心理和生理現象都不同，必須善巧地審視當下情況，再選擇正確的方法應對。

我們在荒地工作了三天，看到被挖起來的樹根已不計其數，登時有種成就感，然而轉頭望向尚未處理的空地，才知不過處理了一小部分而已。這真是個既苦悶又艱辛的工作，不知要到何年何月才能除盡樹根。這種感覺正像每次靜坐時，當體會到內心染污淨化的舒暢，正要沾沾自喜時，才覺察到更深層處還有很多染污，工作還沒完成，只能耐心地繼續用功。

和義大利法工尼可羅一起搬大樹

第八天早上，我與一位法工攀談。他留著帕華洛帝的大鬍子，一看就知道是義大利人，他名叫尼可羅（Nicolo），平

時都在義大利內觀中心作長期法工。我談到曾去過義大利內觀中心，且用義大利語跟他問候，讓他頓覺似他鄉遇故知。

早餐過後，又有新任務，我們必須將一大堆砍下來的巨大樹幹搬進倉庫存放。每根樹幹都長達三、四公尺，最細也有大腿那麼粗，竟要徒手搬運？我們的領隊是位忠厚老實的莊稼漢，平時就伐木種田，胳膊比我的大腿粗，這種活對他來說是一塊小蛋糕，只見他毫不猶豫開始搬運，我和尼可羅對看了一眼，也只好開始嘗試了。我們得費盡吃奶之力才能勉強抱起樹幹，領隊看我們扛得搖搖晃晃，還會來扶一把，真佩服他的天縱神力，外表粗獷的他內心卻是如此善良溫柔，真感謝他的照顧。

職場上，我自信滿滿，總覺得自己似無所不能，然而透過這些粗活，才知道自己那點小聰明其實有時根本不管用，這讓我重新學習謙卑。若非這麼多人日以繼夜辛勤來搭配，我們怎能順利完成我們的工作？若不是有這麼多無名英雄默默護持，我們怎能安然度過每一天？一切得來不易，我們應時時保持感恩心，並珍惜所有一切。

野菇達人兼藝術家 Djahan

服務期間最感安慰的就是每天的餐點。我很訝異法國的素食料理竟如此精緻可口，有別於其它歐洲中心的清簡。後來才知那些都不是傳統法國菜，而是法工媽媽們利用當季食材，以慈心仔細烹調的創意料理。最讓人難忘的一道菜就是野菇

佐奶油用小火慢燉，香氣四溢，簡直「米其林」等級美味。那只有住在中心附近的法工 Djahan 出現時，才有機會享用。

世上總有些人，一出現就讓大家非常歡喜，不在時，大家也會非常想念，Djahan 就是這樣的人。雖然他行動有點遲緩，說話也有點結巴，但每個人看到他，臉上都會洋溢著笑容。他每次來都會帶個竹籃，專程來為中心採野菇。我請他有機會一定要帶上我，最後一天，夢想終於實現，Djahan 沒忘記承諾，在餐廳靜待我工作結束，特地幫我也準備了一個籃子，帶我到森林裡採野菇。

我們穿越草原，進入森林區。一看到顏色鮮美的大香菇，我興致沖沖就要去採，Djahan 立刻阻止，並提醒那些都有毒。只見他在林間緩步前行，看似漫不經心，卻極其精準。憑著經驗和靈感，輕輕鬆鬆就找到不起眼的黑色野菇，我則有樣學樣在幽暗森林中尋覓容易錯過的天然美味。

服務結束後，我們拜訪 Djahan 家。原來他是藝術工作者，創作靈感與素材皆來自大自然，平凡無奇的東西一經他手，就會變身展現藝術生命力。中心裡那些以樹枝編織的椅子、以木頭拼組的六芒星、牆上的佛陀禪坐寫意圖，都是他的作品。

我與萍水相逢的法友一一珍重道別，展開我的下一段旅程。

幾年後，我竟在印度偶遇那位義大利法工尼可羅。我倆同一天抵達菩提迦耶，還一同在菩提樹下靜修十幾天，之後又不約而同在同一天離開。那又是另一段不可思議的神奇因緣了！

在瑞士相逢印度靈魂

Allen

在結束了英國與法國的內觀之旅後,我從法國南部出發,來到了瑞士的內觀中心上四念住課程。中心座落於一座名為太陽的高山(Mont Soleil),是附近著名的滑雪聖地,必須乘坐纜車上山才能抵達。由於該中心鄰近法國的邊境,所以課程除了瑞士人與德國人之外,大多都是法國人。我被安排與兩位德國人同房,房間很小,只夠容納三張床,且廁所和衛浴設備都是共用的,由於歐洲人十分有禮貌又非常體貼,雖然活動的空間不大,八天下來沒有受到太多的干擾,也不會感到太過擁擠。

課程中我注意到第一排一位很特別的學員,他綁著馬尾,名字是蒂埃里(Thierry),大約五十多歲。他採雙盤,總是一動也不動直到下課。雖然內觀禪修不講究坐姿也不勉強久坐,但他禪定的功力仍讓我十分佩服。課程結束後我與他攀談,發現他話雖不多,但一開口總能切中核心要旨。

「我們一定要做到無懼(fearless),恐懼是修行人最大的敵人之一。」當他聽完我分享我前幾次的印度苦行之旅,似乎感受到我內心的畏懼,因此對我這樣說。好像就是聽了這句話,之後到印度就再也沒發生任何不愉快的經驗了。

原來他是資深的藏傳佛教徒，常年旅居印度和尼泊爾，累積了數十年禪修經驗，怪不得他接觸內觀才不過短短一年多，卻突飛猛進。他接觸內觀的機遇非常奇特。在印度參加法會時，因為能一動也不動地精進禪修，總是受到許多信眾的歡迎，尤其是那些在印度藏區的信眾，很容易因此升起恭敬心，把他奉若上賓。有一回法會期間，同房友人看他如此精進，覺得熱愛實修的他很適合去修內觀。他一聽此法門就很想親身嘗試，但因法會一個接一個，只能把這念頭暫埋於心。

　　直到回到瑞士家，偶然得知瑞士也有內觀中心，而且離他家不過幾分鐘車程，他立即報名，上了人生第一次內觀課。太不可思議了，中心就在自家隔壁，這不就是「眾裡尋他千百度，驀然回首，那人卻在燈火闌珊處」嗎？也正是「踏破鐵鞋無覓處，得來全不費功夫」。或許冥冥之中，上天自有安排。

毅然決然走上修行這條路

　　回程路上，我們共乘一位法國同修的便車。車子下山後不到幾分鐘就到他家門口，他邀請我們上樓去喝點茶再上路。我一進到他家中，就不想離開了。這位有著印度靈魂的瑞士修行者的住所，所有擺設和佈置，彷彿印度藏人家！牆上掛著唐卡和佛像壁畫，客廳地上鋪著藏族地毯，沒有電視沙發等傢俱，若非窗外那片美麗的瑞士山景，真會覺得身在印度。當下我決定留宿一晚，隔天再啟程去法國。

　　我倆徹夜暢談，不僅聊內觀，也聊人生。原來他在很年輕

時就接觸到藏傳佛教，常與當時的太太一同去印度藏區和尼泊爾參加法會，非常虔誠，還曾自掏腰包請法師到瑞士家中辦法會，讓佛法得以進駐瑞士社區。

然而世事難以圓滿，他當年毅然放下工作去印度修行，並未得到前妻支持，雖然前妻的財富足以養活整個家，但仍抱怨他沒負起作爸爸的責任。原本潛心修行的他，以為此生就與青燈古佛為伴了，不料有一回他回瑞士，在市集邂逅一名女子，兩人一見鍾情，很自然地在一起生活，現在的住所就是與她共同承租的。最神奇的是，他原本的家就在隔壁棟。上天跟他開了一個大玩笑，但他卻接受了這命運。

他如實訴說這段往事，我對他沒一絲看輕。他說人們缺乏愛與慈悲，誰與誰在一起，誰又與誰分離都只是緣份安排、業力流轉，我們其實都是一家人。他提到有些修內觀的人內心不夠開闊，容不下其它派別和傳承，其實正法是無限包容的，我們應對人人充滿慈心與同理。

他的四名子女也都能接受這樣命運的安排。他一到家就立即打電話給他十八歲的小女兒，要她過來見我這位客人，並表演一曲正在學習的長笛。在他們自然的互動中，我清楚感受到女兒與父親在親密之餘，更有一份尊重、理解與信任。

禪修與音樂和平共處

他已放下所有事務，覺得世間一切造作都是枉然，他不再花時間製作精美木藝傢俱，或修理二手車去轉賣賺錢。他說，

人生苦短，所有時間最好都花在禪修上。

然而，有位音樂家朋友發現他很有音樂天份，執意要教他彈吉他。一開始他並沒同意，但拗不過朋友堅持，勉強學了幾首後，竟愛上了音樂。他告訴我，他連在內觀課程中都會想念彈吉他呢，這點真的很難想像。

我隨手拿起他的吉他，彈唱了 Eric Clapton 的經典名曲 Tears in Heaven，他聽得津津有味。彈奏完，他將吉他接過去，拿起簡譜，手指對了對位置，不疾不徐緩緩地彈了起來。起初他就像初學者般，技巧生疏且聲音過於低沉，然而彈奏一會兒後，神奇的事情發生了，我發現自己全然融入他輕柔的音調中，進入渾然忘我的狀態，這是我前所未有的體驗。

熱愛音樂的我，總不斷追逐更純熟的技巧與對聲音更佳的掌控力，然而眼前的他，彈奏並不算出色，聲音也不夠厚實，但為何令我感動不已？我終於明白，真正動人心弦的是那顆愛音樂的初心，與那份想和人分享的赤誠真摯。因為他，我重拾音樂熱情，並學習將禪修體驗到的平靜與安詳，透過音樂的波動傳達出去。心態的轉變，音樂不再像以往在我禪修時出現在腦海干擾我，反而能幫助我在日常生活中安定身心。

內觀目標不是追求特定的禪定經驗

當我問起他如何能維持雙盤的坐姿筆直挺立好幾個小時，他則說他已經年累月練習如如不動的靜坐。除此之外，他還

練習徹夜禪修，只見他拿出一個塑膠軟墊，上面有著許多凸起的尖刺，要我在上頭打坐看看，當我嘗試這麼做時，尖銳的疼痛感讓我跳了起來。他笑道：「一開始都是這樣的，但久了就習慣了，這個小輔具可以讓我靜坐時保持警醒，讓我不會陷入昏沉。」有時候他睡覺時也會把此軟墊放在身體下面，讓自己保持淺眠，不讓心隨夢境而去。

雖然他很投入內觀禪修，但仍對一事感到不解。追求心一境性的他，非常投入於觀呼吸的練習，認為這是通往涅槃的快速道路，而修習內觀時容易妄念紛飛，會覺得自己不進反退。我曾遇過許多偏好止禪的內觀禪修者有同樣的問題，也很難找到滿意的答案。我回答道：「根據我自己的經驗，止禪是較容易上手的，也容易看到成果，只要觀察心念跑掉的程度就知道禪修是否有進展。然而觀禪則不易看到成果，得面對到不同情境，才能得知自己能否保持平等心，不隨習性起舞。再者，內觀的目標不是追求特定的禪定經驗，那些本質上都是無常的，而止禪的練習給我們足夠的定力，幫助我們如實觀察感受，以超越身心的範疇，解脫所有的煩惱痛苦。」

心胸開闊的他很滿意這個回答，並感謝正法把我帶到他的家，釐清他長久以來的疑惑。

翌日，他送我到鄰近的火車站，雖相處不到一天，但相知相惜的感動卻歷久彌新，直至數年後的今日仍縈繞內心深處。

「一定會再見面的！」我們已預約了未來的重逢。

禪修印度行 ── 內心恐懼之旅

林怡絹

一　〇〇三年十月台灣內觀中心至印度孟買總部舉辦「華語主管課程」，很榮幸與一百二十多位師生一同前往並拜見葛印卡老師。

那天凌晨下機，隨即聞到冷空氣中夾雜著辛香料和牛糞的味道。到了通關檢查哨，正苦惱不知要排多久，突然發現我們不用受檢，可快速通關，想必是因為葛印卡老師在印度的聲望吧？

我們摸黑趕車，一輪明月伴我們顛簸了五小時，終於在破曉時抵達總部外圍。一下車看到滿天星斗，天呀，這輩子沒看過那麼多星星！之後我們拉著行李穿過鄉間小徑，沿黃土路走了好久，終於進入總部，滿眼綠蔭扶疏，環境優美潔淨，給我柳暗花明又一村的感覺。

正想快到寮房安單時，突然間傳來一長串女聲尖叫，接著有個印度男子從寮房衝出來，一邊慌張地扣上衣，心想這不就是一路尾隨我們隊伍進總部的怪異男子嗎？他不時將褲檔拉鍊拉上拉下，像扒手般鬼鬼祟祟，當時就警覺要離他遠點。後來才得知，有位師姐誤以為他是工作人員，請他進房維修

電燈，殊不知他竟將房門反鎖欲非禮，師姐放聲尖叫才嚇跑他。那一長串淒厲尖聲劃破天際，聽得我驚恐萬分。

剎那間終於明白為什麼不喜歡「黑暗的感覺」

第一天早上剛被嚇到驚魂未定，晚上回寮房又發現燈不亮，向法工反應後，他們說印度電壓不穩，常這樣時亮時不亮，隔天早上再幫我看看。原本我就怕黑，總得點夜燈睡覺，那晚房內烏黑一片，勉強自己入睡，但卻整夜難眠，清晨四點稍稍瞇一下，同行好友來敲門，我又被嚇醒，趕緊摸黑梳洗進禪堂。我的寮房在最後排最邊棟，去禪堂的路上也沒燈，伸手不見五指。白天風景很棒，群山牧場圍繞，一望無際，宛如仙境，但一入夜可就不這麼美麗可愛了。

在到印度總部的一路上，已見識到夜半時印度法師在誦經作法事，那種印度神像伴著昏黃燈光的詭魅氣氛，真讓人毛骨悚然。偏偏第二晚夜半、剛入睡，圍牆邊就傳來印度教徒吹著喇叭，一路叭叭叭地去廟裡祈福，清晨再叭叭叭地從圍牆經過。當時我深怕有人會翻牆過來，幾乎不敢闔眼，精神緊繃至極。

此外，前兩天傍晚回寮房盥洗時，開窗發現有印度工人往我房間探望，連兩天同一時間、同一人，我又被嚇到了。跟法工反應後，他們變更了我到禪堂的步行動線，又加裝日光燈、塑膠圍幕，防止圍牆外的牧場工人翻牆或窺看女眾作息。到第四天全部更換女眾往禪堂的路徑，並加裝更多路燈。

雖然我白天很精進，也感受到輕安，但晚上休息時，恐懼的感受仍輪番上陣。到了第六天，我終於受不了了，前去請問明迦法師：「為何我越觀察恐懼卻越害怕恐懼？都說觀察就好，不起習性反應，它一定會過去，但為何它持續困擾考驗我？我很想換個安全的房間，但也想克服心中恐懼，很兩難呀！」

明迦法師微笑著說：「你學得不錯嘛！你內在的恐懼浮上來了，要好好覺知觀察，別人還沒這些經驗呢！」我皺著眉，心中嘀咕著，有啥不錯的？我嚇到魂飛魄散、快撐不下去了！我硬著頭皮又問：「當感受來時，是要觀察那恐懼的感受？還是要回到身上觀察身體的感受？應該是後者才對吧？」法師笑笑說：「對的，回到內觀，觀察身體的感受，或觀呼吸，都可以。」

那天下午我回到禪堂練習觀呼吸、觀察身體的感受，終於有感覺到平靜一點，也安心一點。

第八天傍晚在禪堂靜坐時，突發奇想，自問恐懼情緒是從哪開始的？隨著回憶快速回溯研究所、大學、中學、小學、幼稚園時光，往事一幕幕出現眼前，剎那間我終於明白，自己為什麼不喜歡「黑暗的感覺」。

兒時家境清苦，晚上要上廁所，必須拿手電筒經過屋外一段黑壓壓的小路才能到，所以能忍就忍著；長大後也很怕摸黑上廁所，更不喜歡走夜路。最後憶起母親分娩妹妹那晚的

情景，半夜子時左右，奶奶親手幫母親接生，分娩的淒厲尖叫聲，嚇得兩歲多的我蜷縮在通鋪一角，又深怕母親有何不測。小小心靈真承擔不了那麼大的恐懼呀！

最後一剎那的死亡心及下一世的結生心

我精神緊張、肌肉緊繃，幾乎每天嚴重失眠，撐到第九天晚上開示後，我在禪堂突感一陣暈眩、直冒冷汗、忽冷忽熱、全身僵硬，於是衝出禪堂大吐。隔天慈悲日我仍十分虛弱，勉強撐完所有課程。後來隨團醫生幫我們看診，他說我看起來不像感冒，血壓略低但算正常，應該是沒睡好、自律神經失調，好好休息就行。

課後啟程到內觀中心正在蓋的大金塔，葛印卡老師將在那做開示及小參。上車後，我又開始頭暈，冒冷汗、狂吐不已，到了目的地，全身虛脫到連頭都抬不起來，幸而有位尼師慈心地幫我在穴道上貼了藥膏，又有位師姐幫我順氣、推拿。師姐邊做邊問我為何肩頸這麼僵硬？平日很緊張？壓力很大嗎？我才自省原來就是容易緊張的人，又碰到急性子要求完美的老闆，真是該好好重新調整生活作息。至今仍十分感謝這些貴人相助，我才能平安回家。

最後去拜見葛印卡老師。經歷這次禪修的病苦，就請教老師有關生死的問題。記得葛印卡老師很慈悲地回答：「在南傳上座部佛教教義中談到，我們生命的生與死就如一道門，臨終後最後一剎那，你推開那道門，就到下一世了。」當時我

第一次聽到這種解釋，非常驚訝、不可置信，後來歷經多年佛法的研習和禪修體驗，我慢慢找到答案，那就是論藏「阿毘達磨」所指的臨終心路歷程，最後一剎那的死亡心及下一世的結生心。

非常感恩葛印卡老師的啟發及教導。Sadhu! Sadhu! Sadhu! 那晚回飯店晚餐後，我竟不藥而癒了，還和同學開心地上街採買，真不可思議。

這次印度行真可稱為一趟探索內心深層恐懼之旅，不然怎可能一再出現各式各樣會令我恐懼的場景？從有形的、外在的，到無形的、由內心深處油然升起的，那種無底洞心慌慌的感受是經由禪修被喚起、而浮到表層來的吧？繼續回到觀呼吸或觀察身上感受，自然超越恐懼，心情得以保持平靜安詳，這真是很棒的禪修方法呀！

很感謝那一路上幫助我的老師、法工、師姐和善知識們，有緣與大家在法的路上相遇，是我的福德，與大家分享我的印度故事，希望大家在修行過程中都能保持正向、樂觀的態度，不被困境打倒。

其實真、善、美俱在我們內心，只是被繁瑣雜事塵埃所蒙蔽，而沒發現這塊碧玉。它需要我們常精勤去擦拭（自淨其意），才會顯出本來的潔白光亮。

翻轉

苦樂、善惡、虛實、進退、
施受、老少……變易無常，

古舊可化為新穎，獨行能融合
共修，入世也不礙脫俗。

千翻百轉間，諸行漸次止息。

停頓‧拆解‧看見真相

魯　宓

由於父母離異，我很小就對現實感到不信任，對超現實產生濃厚的興趣。

但是，現實中並沒有什麼超現實，只有許多超現實的故事，我照單全收，擁抱一切神奇的故事：靈異現象、特異功能、星座命運、巫術神通、外星人……。其中最大宗的，莫過於各種宗教，為我描述出龐大的超現實宇宙，深深讓我著迷。

雖然這些故事都宣稱自己是真的，但常常相互牴觸。究竟什麼才是真的？這個很基本的疑問並沒有進入我的腦袋，動搖我對各種神奇故事的信仰，直到我接觸到一種靜坐的方法，這個靜坐方法叫「內觀」。

內觀有許多門派，我學習的是葛印卡的十日內觀課程。這個課程完全免費，但是課程完全禁語，過午不食，其實相當具有挑戰性。

「內觀」這個方法據說是佛陀在世時所傳授的。當時還沒有所謂的佛教，所以這個方法與傳統的宗教無關，沒有什麼崇拜與祈求，而是讓學生有機會處於一個與世隔離的時間與空間，來面對一個看似無解的矛盾。

什麼矛盾？簡單說，就是人生的兩大推動力：苦與樂。

親身體驗苦的無常幻滅

課程的安排是一天靜坐的時間總共加起來達十小時之久，雖然每天都有循序漸進的指導，逐漸提升靜坐時的專注觀察，但一個無法逃避的事實是，到了第三天之後，雙腳就會開始產生一種不算劇烈、但越來越難以忍受的痠疼感。

內觀的原理就是去觀察自己的實相（真實身體感受），而不生起意念或心理上的詮釋，只是觀察而不起反應，對任何感受都平等看待。

厭惡痛苦、追求快樂是生存的本能，也是我們根深柢固的習性反應，為我們帶來了許多煩惱。內觀靜坐時那種不算劇烈、卻越來越煩人的痠疼感受，就成為了練習暫停習性反應、平靜觀察的好對象。但要如何不起反應？只要稍微伸展一下雙腳，痠疼就立刻得到舒緩，但課程從第三天開始要求嘗試做到不起反應，也就是每天有一小時的靜坐要保持完全不動。

這一個小時變成了難受的折磨，等於是面對了一個無解的矛盾：保持不動就會痛，痛了就難以保持不動，更別說去平靜觀察了。在這種矛盾的挫敗中，我只能盡力忍耐。除了保持觀察，我也不知道還有什麼辦法。

就在萬念俱灰，不抱任何期望的第九天，某個意想不到的時刻，強烈的痠疼突然轉化為一波波愉悅的震動，痛苦真的

完全消失了！第十天的靜坐也不再感到痠疼。可能是痠疼神經終於鈍化了？但驚人的事實依在，那似乎無解的痛苦感受竟然可以被化解！

當這個矛盾被解開時，我等於是親身體驗了苦的無常幻滅。對我而言，這簡直就是超現實！

「敵人」從明顯的矛盾變成更隱約的矛盾

解開了痠疼的矛盾，我相信以後再也不用怕靜坐了。所以之後我又上了數次十日課程，想要得到更多的體驗。結果當痠疼再度降臨時，可想而知，我也從雲端墜落地面。

沒關係，我相信很快就可以再次克服痠疼，享受愉悅的震動。我相信我可以做到，因為以前做到過。我充滿了信心，結果……雖然不再那麼畏懼痠疼，但我的「敵人」從一個明顯的矛盾，變成了更隱約的矛盾：只要有了期望，這個期望就會變成干擾，因為我已經起了反應，而不是平等地觀察。期望等於注定了挫敗。

心中冒出了一個疑問：「觀察而不起反應，也就是不帶任何期望？」這個疑問接下來就變成：「不帶任何期望，也就是不帶任何信仰？」

信仰究竟是什麼？信仰就是對神奇故事的期望與嚮往，不質疑地相信別人所說的，其實不是自己所經歷的，因為如果是親身經歷，就不需要什麼信仰了。信仰的對象都是外來的

神奇故事，被我們不斷複誦的言語描述，而內觀靜坐嚴格禁語，不就是要我們能夠停頓言語描述、停頓信仰嗎？所以有沒有可能，信仰其實也是一種很深的習性反應？觀察而不帶期望、不帶信仰，才能夠觀察實相，看見真相？

內觀終於帶我回到了那個最基本的疑問：「這是真的嗎？」要如何來判斷真假，看見真相？

內觀幫助我找到了答案。答案必須由每個人自己去找出來，不然終究也只是道聽途說。我只能稍微暗示：這個答案拆解了我的信仰，神奇的故事都如骨牌般倒下，還原為語言文字描述，或主觀的感受，沒有客觀的現實依據來確立其因果關係。

如實地觀察，我所看到的真相沒有信仰，沒有宗教，沒有天堂，沒有地獄，沒有鬼神，沒有靈魂……，只有此時此地。意識與現實的因果互動，存在著真實的神奇：一切皆無常，唯我思故我在。

感謝內觀幫助我拆解了信仰，讓我不再執迷於神奇的故事與外在的信仰。如今只剩下最隱約的內在信仰需要拆解，那就是最頑強的「自我」，但我也不擔心，因為自我終究會被死亡拆解。如果死後發現真的還有靈魂，那就太棒了！只是時候未到，對我而言，那種期望是一廂情願的妄念，只會佔據了可能有限而寶貴的思維與時間。

此時一切皆真，唯自我無常。

內觀給我的三個翻轉

劉　均

第一次參加內觀，我有三個觀念被翻轉了。「放輕鬆去參加！」——報名前，長年修佛的前輩這樣給我建議。

往內觀中心的火車上，我心底也不停複誦——放輕鬆、放輕鬆，但隨著目的地越來越近，胃卻變得越來越沉，如漸漸落至海底的大石。以前當兵收假回營也會如此，肚子重到往營區舉步維艱。但我這次不是去當兵，而是去參加內觀課程，自願十日都遠離手機、四點起床、被隔離在中心內、完全禁語，什麼都不做，只是和一群人在墊子上打坐，一動也不動。

不說話、不社交、一動不動，都相當「反人性」，但當我到了內觀中心，卻發現更加「反人性」的事——阻止你逃離的，只有一條繩子。當兵時，軍法、層層鐵絲網，和保衛國家的責任心都能讓人乖乖待在兵營，內觀中心也有一道「結界」，而那結界不過是條簡單的繩子，跨過去、搭個車，你就能笑呵呵地邊滑手機邊吃夜市雞排了。

這難道不令人憤恨嗎？我是自由的，而阻擋我的只有一條繩子。

我之所以會願意（暫時）待在繩內，是因為小時候參加過

同為內觀中心舉辦的一日少年觀息課程。當觀息靜坐結束後，我步出禪堂來到後院，發現植物的每片葉子彷彿都閃閃發光，好像在合唱無聲的聖母頌，剎那間，世界一片祥和。人生從未曾有此體驗，往後至今也再沒出現過。長大後，我和其他所有人一樣，經歷許多如意與不如意的事，每件事都像把重錘，敲在內心的銅鐘上，嗡嗡嗡地作響，無法消停，即便深夜裏在棉被裡，也沒辦法止息殘留的噪音，在寂靜夜晚格外震耳欲聾，那總使我想起禪堂後院的那份安詳，那份安詳對如今的我來說宛若童話，那會不會只是一個孩童的誇大幻想？或者，人生真能擁有安詳的自由？

為了再次重溫那份感受，我願意做一些「反人性」的事。

五戒的不自由不是條件而是目的

中心法工敲鐘示意學員進禪堂聽開示。禪堂內整齊擺著方形坐墊，大家如插秧般，一個屁股、一張座墊。一個講著異國語言的沉穩男聲自音響中傳出，那是已過世的葛印卡老師，往後每晚也都由他開示，他就像耐心教導蹣跚學步的幼兒一般，一點一滴引領修行，帶領我們體驗成長過程，我們如新苗沐浴在他聲音下。第一天的開示據他所說特別重要，需要學員守五戒（戒殺、偷、性、謊、毒品與酒）、皈依三寶（佛、法、僧）與放下自我。

我第一個念頭是，天啊，居然還有更多對自由的限制。然而葛印卡老師卻說這些就是修行本身，絕不可動搖。

沒守戒、皈依就沒修行，守戒就是目的本身。真難以理解！我崇尚自由自在生活，守規矩簡直等同髒話，我甚至認為，任何現代人但凡了解幾千年專制極權歷史，都應該厭惡這類不可動搖的規矩，民主社會進步原因之一，就是因為法律可被修改，不似過去否定法即是否定王，越守法越加強專制。法條只能是手段，不能是目的，但為何葛印卡老師說守戒即修行本身？

葛印卡老師繼續解釋三寶，他強調皈依佛不是皈依佛這個人，而是祂的覺悟，使自己也有覺悟的特質；皈依法就是皈依自然法則，因果循環之類。我聽起來應該意味著，並非皈依人造產物，法不需要神秘的力量才能體驗，就像曬太陽，太陽不需作法或文字記述就會出現，而站在陽光底下這個因，自然而然就有被曬黑的果。

聽完後，隱約好像懂了什麼。我討厭的不是限制自由，而是權威，因為限制自由會讓權威增強，強調不是皈依佛意味著──佛陀於我並沒有權威。那麼守戒究竟是為了誰？以內觀來說，說不定就是這個往內觀察發現的法。對於外在的權威來說，個人越守法，專制的權威越大，但對於來自內在的法條來說，越守「法」，自己的權威越大，因為自己就越是目的本身。這實在是太弔詭、太反直覺了，不知認為「人就是目的」的康德是否會認同？

五戒不是為了得到什麼的條件，而是目的，我還在慢慢理解，不過，對於守規矩與自由的關係已有了點翻轉。

讓我深深感到不自由的內觀，第一個翻轉我的卻是自由的觀念。

想像力竟然與「如實」無法並存

第二個被翻轉的就是想像力的崇拜。

進入較深的內觀前，學員必須先練習觀息，所謂的觀息就是閉上眼觀察呼吸，而且必須是「如實的」。

什麼是如實的？葛印卡老師都會問：「你現在是吸氣還吐氣？你的氣是左邊鼻孔進出比較多呀？還是右邊鼻孔比較多？」如實就這麼無趣。

然而，實際練習觀息後，就發現這些問題確實有道理。觀息時我時常分心、打瞌睡，每當心開始叨叨絮絮時，必定無法知道自己的氣，到底是從左鼻孔還是右鼻孔出入比較多；打瞌睡亦同，即便上一秒努力觀息，下一秒打瞌睡，瞬間就無法知道鼻子的呼吸狀況，只有要努力做什麼的欲望殘留下來，並且夢境會為那欲望迅速搭建一個匹配場景。

有次我就夢到自己不是要努力觀息，而是要努力從墊子上站起來，在大家面前射箭。好險我沒照做。同時我還是個想像力豐富的人，有時感覺自己鼻子忽大忽小，與他人忽遠忽近。我想自己必定是天選之人，於是去跟助理老師分享自己這個「超能力」，豈料他只是微笑答道：「專注觀息」。這算什麼回答？就只是重複葛印卡的話，難道助理老師只是一台複讀機？

但持續觀息後，這種「愛麗絲症」就自動消失了。我發現，所有問題真的都能回到葛印卡重複繞來繞去的那幾句簡單的話：「如實的觀察」。無論是心在敘述、作夢還是幻覺，都無法與如實地觀察並存，無論再怎麼努力都辦不到。

實際體驗到這個，簡直是大開眼界，想像力竟然與如實無法並存！我無法理解老師所說的「一切都是心的造作」，但眼前以自身實驗的結果真的就是──一切都是心的造作。

我竟一直是這來歷不明的業的奴隸

最後翻轉的是業的存在。

觀息的下一步就是內觀，如實地觀察身體感受。第一次跟著葛印卡老師的帶領，從頭到腳一部分、一部分地觀察，我興奮地投入其中，從頭頂開始觀察。觀察的一瞬間，頭頂發癢，然後彷彿腦袋瓜自己往上提起，原本以為背已經不能再挺了，結果挺得更直，隨著引導進行，左邊屁股開始隱隱作痛（我拿兩個小藍枕墊屁股，坐久像鐵條一樣硬），一邊忍著一邊聽老師要求我們觀察身體下個部位，我開始急了，冒出一個毫無邏輯的念頭：哪時才會要求我們觀察左屁股啊？趕緊觀察，就趕緊不用痛了，我進一步開玩笑地想，這個叫葛印卡的人真討厭，明明這麼努力忍痛，卻一定要這樣慢慢一字一句地講，我真委屈！隨後呼吸開始加重，然後流下幾滴淚，嘴唇不自主地顫抖，最後不受控地大哭起來。我已許久未流淚了，也沒打算為這事哭，然而身體卻不聽使喚，顧自像娃

娃般嚎啕大哭，令我深深震驚。

事後，助理老師說這是挖到比較深層的業了，業的生成複雜，不用探究原因，發生當下專注觀察並保持平等心即可。

業、潛意識、恍神狀態，無論是什麼名詞都好，透過這事我清楚地意識到，這來自自身深處的情感，並不受我意識左右。一直以來，我竟是這來歷不明的業的奴隸！即便過去不哭，身體深處一定也是在哭泣。這無法怪罪任何人，是我對待自己的行為、情緒，就像對待用過的衛生紙，隨便揉一揉就扔，殊不知這些垃圾哪都不去，只會堆積在深處。當半夜心嗡嗡作響時，我就該想到會有今天。是我讓自己變成我的奴隸，我從未當過主人。內觀讓我發現自己深深的不自由。

內觀十日，我沒有一日體會到兒時禪堂後院的安詳。葛印卡老師說，內觀會讓人體驗到安詳，不過那只是短暫的，要對這短暫安詳保持平等心、不貪戀，內觀是為了解脫，而非玩感受的遊戲。啊！好吧！我放棄了重現兒時回憶的期望。

內觀讓我改變了很多觀念，這些轉變並不輕鬆，但很深刻，收穫很大，因為這些收穫都是透過探索自己身體而來的。

看著書上的太陽與實際曬太陽得到的收穫，等級完全不同；而且每個人的身心都是獨特的，自然有不一樣的冒險旅程。且保持開放、信任的心，放輕鬆參加課程，自己去體驗看看吧！

從內觀研究所啟程的巴利佛典學習之旅

Bhikkhu Sukhaṇika （善那）

第一次上內觀課是在 2003 年，而後曾擔任兩屆董事，負責資訊部門。

小時候頑劣不堪，半推半就下，子承父願，赴台「研習大乘佛法」。想當然耳，年少的我對高妙佛法沒半點興趣，所幸得遇慈悲師長，創造條件讓我得以「輸入佛經」的名義玩電腦，才讓我安住下來，度過幾年快樂時光。當年無成年人「學不會」的心理壓力，只當作是不斷挑戰升級的遊戲，很快就掌握了電腦這門技藝，從此開展了半甲子替各門派製作電子佛典的旅程。

在完成佛光大辭典光碟版（台灣佛教界第一個有全文搜尋功能的佛學辭典），不久之後的 1996 年，妙雲蘭若和法雲寺的法師找上了我，共同完成了《印順法師佛學著作集》光碟版，受其著作影響，才開始對「原始佛法」產生興趣，也非常敬佩他鑑於「佛法與現實佛教界有距離」（《遊心法海六十年》第 13 頁）而發願「探求佛法本質，而捨棄過了時的方便」的勇氣。

接下來是與內觀研究所（以下簡稱 VRI）巴利三藏 (CSCD)

的緣份。我從中得到很多法喜，希望能引起法友們學習巴利佛典的興趣。（巴利佛典的檢索與利用：http://www.gaya.org.tw/journal/m18-19/18-main3.htm）

VRI 九〇年代出版的巴利三藏光碟（CSCD），基於緬甸第六次結集的緬文底本，以天城體（印度目前最常用的書寫系統，可以記錄梵語、巴利語等多種印度語言。）輸入，並採用了印度文字專屬編碼（Aalekh）。當時 Windows 環境尚未普及，輸入工作是在 DOS 系統完成，該系統只考慮英文字母，非英語地區只好獨自發展各種編碼方案（如台灣 Big5、大陸 GB），由於沒有統一的規劃，不同編碼的文本互不相通、雞同鴨講，表現在螢幕上就是俗稱的「亂碼」。

亂碼問題不但讓有跨地區交流需求的用戶不勝其擾，也阻礙了西方軟體的全球布局。因此在 1991 年，由 IBM、Microsoft、Apple 等作業系統巨頭商議，收集各地文字，制訂了 Unicode（統一碼或萬國碼）標準。如此一來，軟體只須開發一次，附上各種語言的對照表，就可以全球發行。但這也意味者，由西方跨國資本主導的、新世紀「書同文」大勢底定，各地語言版本與英文版的發行時差沒有了，本土軟體產業逐漸失去生存空間。台灣此前個人電腦必備的各種本地化軟體（如倚天中文系統、各種排版軟體），也紛紛走向消亡。

與印度內觀研究所合作轉換巴利三藏編碼

時間來到 2006 年，此時 Unicode 已成為所有作業系統核心

的文字編碼標準，電腦也普及到家家戶戶，VRI 發行的 CSCD 無法在印度境外使用的問題更顯突出。施郁芬老師（妙泉法師）得知我從事這方面的工作，促成我與印度內觀研究所的工程人員合作，將 VRI 巴利三藏從印度專屬編碼，轉換為國際通行的 Unicode，從而根除了亂碼問題，也讓巴利三藏得以轉寫成包括羅馬字母在內的十五種文字。（巴利語是只要有對應的字母，都可以轉錄成文字，如俄文字母、藏文字母都可以轉寫巴利語，英文字母則需要加上修飾符號，如 āṭḍñ。）

早在上世紀九〇年代，葛印卡老師就有非凡遠見，投入巨大的人力物力，製作巴利三藏電子版，更難得的是，他將此成果免費與公眾分享，因此在掃除了專屬編碼的流通障礙之後，它很快就成為網路世界流通最廣的版本。（佛學學者基於歷史慣性，普遍使用英國巴利聖典協會的版本。）目前網路上能夠免費取得的巴利佛經軟體，絕大多數都是基於 VRI 的成果。（這幾年崛起的開放版權的英譯巴利三藏 SuttaCentral，官方聲稱其底本是泰國的 Mahāsaṅgīti，這個版本除了小標題和編號以外，文字和 VRI 版本幾乎完全一樣。）

巴利佛典記載了最原始的風貌，也是佛法傳承最關鍵的載體。修行是一個漫長的旅程，雖然只能自己走，但精確的地圖可避開冤枉路。《相應部・入流相應 1046 經》提到，初果的四個要素（括號內是《雜阿含經 1125 經》的譯文及白話新譯）：1. sappurisa-saṃsevo（親近善男子，結交正人君子），2. saddhamma-ssavanaṃ（聽正法），3. yoniso-manasikāro（內正思惟，從根源作意），

4. dhamm-ānudhamma-ppaṭipatti（法次法向，一法接一法有次第地踐行）。巴利注釋書多處強調了三個步驟：pariyatti（學習經教知識）、paṭipatti（親身實踐）、paṭivedha（貫通洞察），簡言之「學道、修道、悟道」。由此可知，經教知識在佛法修學中之地位。

掌心藏經閣配備閃電查經書僮

巴利佛典除了提供修行必要的指引，對暫時還無意修行的人而言，也是有趣的文化知識寶庫。它記錄了當時印度的社會風貌、各種思想之間的角力。透過直白的語言，我們得知佛陀是活生生的人物，而非高高在上的神祇，他會生病（腹瀉、背痛），為生活所困（乞不到食），有時弟子吵架也勸不住（詳見律部 Kosambī 犍度）。

隨著程度的提昇，很多人必然產生深入經藏的願望，只是在入門書、一般開示和巴利三藏之間，有著一道不小的鴻溝，面對浩瀚的佛典和工具書，忙碌的現代人不容易下手。由於巴利語和漢語差異很大，文法遠比英語複雜，又沒商業價值，除非有強烈動機和適當環境，否則學習難以堅持。所幸近幾十年來，已有不少譯作陸續完成並發表，自學條件已逐漸成熟。

佛經和儒家、道家經典不同，單靠漢語學習是不足的。設想一位看不懂漢字的外國學者，自稱精通老子思想，對他「基

於道德經英文譯本」的研究成果和心得，我們還是不免犯嘀咕。同理，在沒有考古證明佛陀能說漢語之前，只能默認漢文佛經都是翻譯而來，而翻譯必然可能失真。但漢語又是我們理解和思考的基礎，因此在巴利語和漢語之間的對照閱讀，是深入學習巴利佛典的重要條件。

有鑑於此，本人從十餘年前開始，收集網路公開的十種譯本（五種漢譯、兩種英譯、緬譯、日譯及泰譯），重新排版、統一編號，逐句對齊，製成可用手機方便閱讀的「平行藏」（https://nissaya.cn/sz/），加上電腦強大的搜尋能力，就像是納入掌心的藏經閣，配備快如閃電的查經書僮。

有了這樣的系統，解譯佛法的疑惑，就變得很方便。舉例來說，一九五〇年召開的佛教大會決議，廢止「小乘」一詞，改稱「上座部」，原因何在？從字面上看來，似乎可將「小乘」理解為只顧自己解脫，器量和願力較「小」，沒有發「大」心。真是這樣嗎？

我們先從小乘的原文「hīna-yana」著手。yana 指車乘，意義明確。查 hīna 在巴利原典中，經常與 gammo（卑賤）列舉出現，是近義關係，而與 paṇītaṃ（殊勝）則是反義關係。再查其組合詞有 hīn-āyāvattati（退還到卑俗的生活方式，即出家人還俗）、hīnā-vaṇṇa（卑劣的種姓、賤民）、hīnā-jacca（出生低賤的）。由此推斷其語意接近「近君子遠小人」中的小，而不是指大人小孩的小。佛教學者那體慧（Nattier, Jan）說：「小乘

一詞很可能晚於大乘出現，是後來大乘佛教取得主導地位之後，比照已確立的大乘一詞，而創造出來，證據是初期大乘佛典無此詞，後來才逐漸出現。」（略譯）

再用中文「小」查找漢語巴利辭典，發現「大小」的小，通常作 cūḷa，如 cūḷa-vagga（小品）、cūḷa-sīha-nāda-suttaṃ（小獅吼經，這裡的「小」指內容相近篇幅較短，而不是指「年幼獅子」，與之相對的是「大獅吼經」。）、cūḷa-panthaka（周利 - 槃陀迦，意譯「小路」，其兄名 maha-panthaka 摩訶 - 槃陀迦，兩兄弟長賢幼魯）。而表示微細次要的，則用 khudda（如 Khudda Nikaya 小部、Khuddaka-pāṭha 小誦經、khudd-ānukhuddakānisikkhā-padāni 小而又小的學處、即瑣碎戒）。

以上示範了巴利詞查找各種漢譯及衍生詞，以掌握其語意，再反過來用漢詞查出相對應的巴利詞，以釐清其指涉範圍。巴利語詞和漢語詞，經常是多對多的關係，這是造成誤解的主要原因，利用技術手段，迅速收斂到一一對映的關係，從而精準把握語意。如此往返穿梭於不同語言，投入不多的時間精力，就可以獲得媲美古人博聞強記、皓首窮經的效果。

「天啟式」、「人悟式」在歷史中此起彼落

我們已經進入嶄新的時代，只須一小撮精英把電腦教懂，然後由它代勞，教導絕大部份的普通人。舉例來說，將頂尖生物學家的研究成果，建成數據庫和模型，利用手機做圖片

和語音識別，軟體能夠永不厭煩地，準確回答在野外探索的好奇寶寶，關於植物和昆蟲，層出不窮的刁鑽問題，沒有任何小學老師能夠與這樣的軟體匹敵。

在不久的將來，結合佛法完備知識的電腦，就可以開解芸芸眾生的各種煩惱，甚至以擬人的語氣給予鼓勵和安慰。無論是期待還是抗拒，這個 AI 狂潮勢必到來，將各行各業、故步自封的團體與個人，衝擊得七零八落，而預判先機、勇於挑戰的弄潮兒，就能獨領風騷，引領眾人走向新一波文明。

我將精神文明粗分為兩類：「天啟式」、「人悟式」。兩者在人類歷史的長河中，此起彼落，既有矛盾又互相影響。

「天啟式」指某人得到了來自一個「創造及主宰一切、具主觀意識之絕對存在」的啟示。其精神領袖的權威性來自於，對這個絕對存在的代言權和解釋權。天啟式是將「個人的話」變成「上天的話」，是一種獲取話語權的手段。絕對存在本身難以證偽，只要能達到預期目標，其真實性並不是精神領袖們關注的重點。

「人悟式」指某人領悟了萬事萬物都不能凌駕的客觀自然法則（因果業報、天道天理），並有能力將所領悟的道理讓許多人接納，因而開宗立派。徒子徒孫們都能按照指引以及努力，達到類似的精神境界。這是天啟式無法容許的，因為如果人人都可修煉達到最高存在的潛力，那麼以代言權為基礎的精神統御將不復存在。

佛陀從充滿濃厚神秘主義色彩的古印度吠陀文明（吠陀的本義是「來自梵天的啟示」）環境突圍而出，構建了以人為本（類似 17 世紀啟蒙運動 The Enlightenment，西方將佛陀的覺悟也譯為 Enlightenment。）的思想。排除當代科學還無法解釋的部分（如關於神通），其對社會倫理的各種主張（如道德標準的普世性、祭祀無用、僧團資源分配及民主決策過程），以現代文明標準觀之，也是非常超前的。即使後期佛教內部產生了天啟化的傾向，但無論是「悟道」或是「得度、往生」這些終極目的，不能被少數人壟斷，也就沒有爭奪唯一代言權的必要。後世各門派便在不違背佛陀言行的前提下，各憑本事，提高敘事技巧及業務能力。

一個頗有意思的巧合是，佛陀晚年的頭號反對者叫提婆達多 Devadatta，這名字義譯就是「天啟」或「天授」。

按原始佛典記載，所有改投三寶的，都是基於對佛理的心悅誠服，而不是威逼利誘。佛典中也找不到任何一處，允許佛弟子以殘酷手段對待不信佛之人。尤有甚者，佛陀還要求剛剛皈依的在家弟子，繼續供養原先信仰。

兩千五百年一脈相承下來的，這種慈悲包容的精神，能否繼續帶給全人類內在安詳與和平，就取決於大家今日的努力。

讓我們持續研習佛典、依教奉行，成為佛陀教法的繼承人。

以內觀法為生活導師

胡昌彥

我是 2004 年才知道有葛印卡老師傳承的內觀,那是在一本佛教刊物上讀了《慈悲的法流》連載,在「法與派別的意識」一文中,老師對法的解釋以及對其本義演變的解讀,深深地折服了我。在期待中讀完其後的全部文章後,我便堅定地認為「這才是源於佛陀的教導」!當時便毅然放棄正在一個佛教機構的學習,決意找機會參加內觀課程。2007 年的五一長假,終於圓滿夢寐已久的期待。

轉眼十多年的實修練習,我認知到,內觀所教導的,即是透過對實相的體驗,來感悟生命,引導生活。在生活中運用內觀,自然的法則就會讓我們更寧靜、更和諧。

佛陀用精練的四句偈概括一生全部的教導——「諸惡莫作,眾善奉行,自淨其意,是諸佛教。」一個人要從世俗凡夫走向出世聖者,就需要過著道德規範的生活;要依個人力量安定己心,就需要有能力洞見事物真相,淨化自己。佛陀的教義並非只是思想、哲學和推理,這四句偈恰恰是指導人類如何落實聖潔的生活。

正如葛印卡老師所說的,世上沒有哪個宗教教導人們作惡,

但現實世界的種種亂相、傷害，乃至戰爭，背後往往摻雜宗教因素；極端的統治者甚至美化暴虐，把強加於人的痛苦包裝得冠冕堂皇。人類向來飽受貪欲與瞋恨折磨，深陷錯誤的思想和邪見泥淖之中，當前黑暗的世界亟需佛陀的正見之光。

在說話和做出行為前停一停

內觀用這樣的標準來定義善惡——凡干擾他人平靜與安詳的就是惡，反之就是善。從第一次上課，這標準就深深地印在了我的腦海裡。佛陀的教導不只有讓人們遵守的具體事項，原來也有如此簡潔清晰的原則。它基於道德、自然，基於人類共通的福祉，過去適用，現在適用，未來仍然適用；它適用於印度，也同樣適用於中國、美國、俄羅斯……；它適用於佛教，也同樣符合基督教、伊斯蘭教……的教導。

認真審視自己曾經接受過的教育，與現實生活中的種種取捨抉擇，有幾件能這樣超越時空與文化、放諸四海皆準呢？

記不清從何時開始，我給自己做了個約定：在說話和做出行為前，要停一停，先問問自己的心，想說的話和要做的事，會不會干擾他人的平靜與安詳？有沒有受貪欲與瞋恨的支配？漸漸地，我發現，前一分鐘想做的事情，會在後一分鐘被否定；前一分鐘想說的話，會在後一分鐘修正改變。隨著歲月流逝，這「停一停」的間隔越來越短，而我也變得越來越安詳，越來越平和。

縱觀內觀開示的內容和傳授的實修方法，都有一個共同的特點，那就是遵循自然。這也正契合佛陀一生教導的核心，賦予我們鑑別佛法真偽的試金石。

在戒律層面，學員遵守的五戒和八戒，是基於對自己的尊重、對他人的尊重，是在社會生活和交往中自然應當奉行和遵守的；在修定的層面，學員專注的是自然呈現的呼吸現象，深與淺、長和短、粗重與微細……。我們不排斥過程中出現的妄念及其它狀態，也不刻意造作某種狀況來使心專注，就在這樣自然的情形下訓練心的寧靜。我們要觀察身體自然呈現的感受，不迎不拒，一切都是如其本然的如實現象。由此，我們如實覺知身心本來的樣子，洞察究竟實相。

在家庭生活中，沒修內觀前，我有太多的大男子色彩，家務活極少伸手，還往往吹鬍子瞪眼的。第一次做內觀法工，我司職行堂。老師在第一天的法工會上，開示了做法工可以培養十種福德，既累積出世資糧，也長養現世福報。用這樣的標準來衡量，原來自我意識中那鮮花般的感覺頓時蕩然無存，這個五蘊的聚合體因為執著於自我，也可謂「三毒俱足」了！

兩天行堂做下來，我理出洗滌流程：分類歸集應清洗的物品→清除殘存的食物積垢→用配製好的清潔劑進一步潔淨器物→用清水沖洗→用乾抹布拭淨。洗過的物品還要親手裡外檢查一次，確保沒有殘餘任何油膩，最後才放心送回廚房整齊收納。記得那期課程結束時，大廚還特別稱讚這期行堂洗的盤子非常乾淨。

行善的當下，就是自己享受愉悅，也同時帶給他人歡喜啊！從此，我把這法工體驗帶回家庭、融入工作，分送周圍所有人。

把工作做到更好成了基本自我要求

此外，對因果和業報的認知，也更策勵我做好本職工作。十年前，為了要上一次內觀十日課程，真的需要提早精心籌備才行。

在工作中要想參加內觀課程，在我當時的處境，最重要的就是要有至少十天的假期了。只有高品質地完成任務，讓領導滿意，才有可能准假。起初的敬業和勤奮，多少帶著為了順利請假的意圖，隨著內觀的修行，漸漸地，盡力把份內工作做到更好，成了基本自我要求了，不再計較、抱怨或奢求。

在修行內觀的歲月裡，我的工作成就也是倍受好評的。專司信息、宣傳和科研工作的那些年，工作成績一直居全市之冠，曾有一次榮獲全市三項第一，市局分管的領導都難為情的找我，為平衡考量，需要讓出一個第一的名額。我主導的國有資產處置聯席會議制度，在全省會議上被用作學習材料，我主持的績效管理成果，吸引了省內外同行前來觀摩。在這過程中，同事間的信任及合作，部門間的溝通與協調，都需要以良好道德修養及工作能力為基礎。

世間一切現象皆無常，無常背後自然伴隨著因果和業力的作用。美好的成果需要所有本著善念的努力，及因緣條件和合。

從上個世紀八○年代末，我就與佛教結下了不解之緣。起初，我傾注於學習寺院功課，以為那就是佛法、就是修行。再後來是大量閱讀大乘經典及法師們的開示，以期探尋佛教真諦。然而，隨著學習漸深，及接觸更多各種「修行」，疑問卻越來越多。

　　帶著深深的質疑，我一度放下工作，去一個頗富盛名的佛研所，決心一探源頭。就是在潛心探索的時候，遇見了葛印卡老師的《慈悲的法流》。平實的文字中充滿慈悲波動，一以貫之的邏輯思維展現智慧通達。

　　老師寥寥數語就揭示了學佛的核心關鍵，超越宗派又深具科學理性。他說，假如「法」是純正的，那麼它應該是普遍性的，不分宗派的。心所具有的本質或特性，無論是善或不善，都叫作「法」，學習「法」的意思就是內觀身心的實相，如實觀察它本來的樣子，不賦予任何信仰、哲理，也不添加任何想像色彩，只是以一種符合科學精神的、客觀的觀察。

　　而後，我用心遵循法的教導來生活，爭取機會上課及參加法工服務，在實踐戒定慧的過程中，運用、體會並提升覺知力和平等心。我堅信一個人若是正確地修習內觀，必能去除所有煩惱，達到徹底的清淨解脫。

　　願更多人認識內觀、實踐內觀！

　　願眾生快樂、安詳、解脫！

兒少課程服務的感悟

謝雨妡

初聞內觀是透過我的伴侶。伴侶有二十年禪坐經驗，第一次見面就被他自然散發的氣質深深吸引，由衷好奇是什麼讓他時刻保持清明從容？他為我介紹了內觀，告訴我這方法如何在他生命裡運作。在伴侶的鼓勵也見證許多正面案例後，我報名了內觀十日課。

經過十日洗禮，開始明白所謂的老實修行究竟是什麼。人們的痛苦多起因於自身，內觀專注於覺察身上的感受，不觀想、不造作，不刻意追求特殊經驗。這些觀察無我的安定、了知無常的智慧，都在課程中如實體會。

而後我們結成連理、建立了內觀家庭，內觀已是我們深刻的日常。內觀轉變了我，也開啟了我人生的新篇章。

無我的服務是無上的法佈施，會讓修行更圓滿

2023 年，暫別了職場、給自己放了一個長假，接連上課，上完課時總如沐春風，對待人事物都能懷著平等尊重與慈愛。然而回到世俗一久，過去的習性便又一一浮現，讓我不禁懷疑自己稱得上修行人嗎？

那年最後一場課程的慈悲日到了。慈悲日是課程結束離營的前一日，有別於前九日的嚴謹肅穆，那天葛印卡老師會開示慈悲真諦，並指導如何練習將慈悲分享給一切眾生，上午十點解除禁語，大家便可相互交流分享，禪修時間也放寬鬆，園區充滿歡欣喜悅。然而，我明白真正的禪修考驗才開始，出離日常生活的課程期間只是模擬考試而已。

　　當時滿心鬱悶，只期待著要上更長的課程，這也是那次去上課的原因之一。所謂長課程分二十日、三十日、四十五日、以及六十日，各有不同的申請資格。例如參加二十日課者需遵守五戒（不殺生、不沾染任何致醉品、不偷盜、不邪淫、不妄語）、完整參加過五次十日課、一次四念住課、全程服務過一次十日課，且持續每天至少兩小時禪修練習。這對一般為生活奔波的人來說，是頗不容易的門檻。

　　填寫了午間面談表，走入禪堂與老師面談。這面談對每位想報名長課程的學生都很重要，因申請長課程需經老師評估禪修狀況，決定是否推薦你進階上課。面談過程順利，然而卻被婉拒了，原因是參加長課程需練習內觀滿兩年，而我只在一年半裡很快達成了所有條件。我疑惑地詢問老師，少半年而已，真的有差嗎？

　　此刻，法座上的老師說出了改變我修行觀念的一席話：

　　「妳可以多參與服務，無我的服務是無上的法佈施，它會讓修行更圓滿成熟。長課程學員們經常遭遇情緒的風暴，在

那時過往佈施所累積的福德將啟動作用，護持修行者渡過難關。多在法的中心裡，與法的氛圍在一起，身心會和法的波動更契合也更穩定。」

本以為老師會提供更多技法建議、或要我再多上幾次十日課，沒料到是「多參與服務」。當下半信半疑，只是默默點頭告退。

自從我投入內觀後，伴侶職場工作加重，無法像先前那樣積極於上課與法工服務。他告訴我最近內觀兒童少年課程需要一位董事法工，問我是否願意擔任，並接受培訓成為兒少課程老師？

「沒問題，雖然不知能有多少貢獻，但能為內觀中心分憂解勞，我很開心！」我不假思索地回答，同時想起了最後一次課程老師給的建議。這是冥冥中的因緣契機嗎？

老師是孩子們的同學、玩伴，就像兩面鏡子

內觀兒童少年課程與成人課程有別。兒少課程是只有一日的無住宿課程，著重於培養孩子自主學習與自我探索的能力，課程毋須禁語，此外還有說故事與遊戲互動的時間，並不要求孩子一定要保持長時間端坐，而是在開放與快樂的氣氛中體驗禪修。偶爾難免遇到有些孩子好動坐不太住，甚至乾脆躺平、或在座位上翻滾，讓帶課老師和法工們哭笑不得。

一般以為禪坐僅只是一種靜心方式，但內觀不僅開發安定的力量，也培養如實觀察身心狀況，並從中獲得生活洞見。在多次課程的觀察調整下，我和伴侶一起努力研究如何增益兒少課程，例如：鼓勵家長與孩子共學，改變課程長度，增加課程的據點與年度課程次數，添加能夠實證孩子禪修成效的工具，以小班制度取代原先大班制。

　　在報名確認回函中，我們正式歡迎家長參與第一堂課，與孩子們一起學習，除了孩子能因父母陪伴而放下怕生的緊張心情，也希望讓家長了解課程內容，下課回家後能一起繼續練習，促進親子互動，進而讓孩子有再參加的機會與動力，也鼓勵家長安排自己或孩子日後參加內觀十日課。

　　改為小班制為能更仔細關懷每位孩子的禪坐狀況，適時給予必要的建議及鼓勵。原本全台內觀兒少場地有四處（台北、嘉義及高雄兩處），在殷切找尋與熱心善知識的介紹下，2003 年起多發掘了新竹、高雄兩個新據點，也恢復了屏東課程場地，其中高雄新場地更規劃以英語教學，服務外文語系的孩子。

　　雖然禪坐時間拉長，但同時也彈性增加休息與遊戲時間。我們發現孩子們因而能更專注練習，原先怕孩子受不了，其實是低估了孩子、多慮了，孩子大都靈敏率真、具有無限潛能，只是大人往往缺乏耐心長時間陪伴與觀察。

　　在遊戲部分，伴侶長期用心費力研發出一項新遊戲——腦波儀好好玩。以儀器測量禪修者的腦波，綜合三項數據（平

靜、覺察、正念程度）所得的數值大概反映禪修成效，我們把最後的檢測結果頁面，刻意縮小數字，改以九種不同的動物來呈現：獅子、大象、花豹、老鷹、樹懶、綿羊、無尾熊、猴子、小豬，這遊戲總讓小朋友們樂透了。「我是獅子、你是小豬、她是大象！」歡樂的笑聲在課堂餘音繚繞，有許多小朋友甚至課後還要求再測試一次。「我上次是花豹，這次我要當老鷹！」這樣有趣的話題也常在課前聽到，每次聽到這類對話都讓我們很欣慰。有些家長偏執排斥科技，其實善巧應用科技真能事半功倍。

雖然到目前為止，我的兒少課程服務經驗還極其有限，但我已清楚感受到法的力量，和在孩子心田播撒「法種」的快樂，特別是遭遇生活挑戰時，我漸能提起耐心正念，不再任情緒之火延燒。

感恩內觀讓我有機會回頭關注自己、擁抱自己、療癒自己；感恩兒少課程服務帶給我的感動與啟示。與其說我們是老師，不如說是孩子們的同學、玩伴，就像兩面鏡子，彼此心心相映。

「願我快樂、願我的父母快樂、願我班上的同學快樂⋯⋯願世界上所有的人快樂。」這是葛印卡老師在兒少課程裡帶頭練習朗誦的祝禱，我時常憶念這段話，提醒自己以慈悲心實踐在內觀課程學習到的生活的藝術。

感恩法讓我感受到愛與被愛，在每個呼吸中，生生不息。

祖孫一起在法中成長

謝攸佳

遇見正法之前，我已尋覓多時，也去過八關齋戒。辛苦摸索的過程中，多虧有女兒的陪伴。漫漫歲月裡，那是一種「心的拉扯」，痛到恐慌。家人為我找最好的醫生，可我自知非藥物可救，只因厭惡自己到極點，曾把整月的鎮定劑一口吞下，醒來時，卻什麼都不記得。不想、不願面對現實，現實仍逼到眼前，無處可逃。

偏偏那時女兒懷孕了，讓我更感到身心高壓、喘不過氣，但也不得不走下去。哪知孫子小居士一誕生，我竟一眼愛上，冥冥中彷彿得到支持，才開始又有些許動力。

後來有一天，無意間聽到大伯（老公的大哥）說，他去閉關，一次十天，完全禁語，純粹靜坐。突然間，心整個亮起來，這不就是我需要的嗎？但當時的我極自卑又自暴自棄，所以只聽聽大概，沒力氣多問，回家後，女兒才幫我上網查詢。女兒鼓勵我報名，但已額滿，得候補好幾位。

婆婆跟大伯都不放心我去閉關，怕我受不了，況且工廠日常營運也需要我。但我莫名期待，無論如何堅決前往！

我想，閉關再苦也不比現實折磨人吧！若我離開十天，工

廠就會倒，那我也認了！一直等到開課前一天，中心居然來電說候補上了，問我可否參加？我馬上應好，真的好開心有個地方可讓我靜靜地好好看著自己。

「拔除手術」痛徹心扉、輕鬆開懷

2012 年 2 月 29 日當天，陪我一起開車去台中新社「法昇內觀中心」報到的是女兒跟孫子小居士。到了中心莫名有種回到家的感覺，滿心歡喜，孫子也樂得到處奔跑，連原本腰痛到動彈不得的我，居然能自提行李快步去宿舍，女兒當下看傻了。

課程開始後，因為一向敬畏老師，我乖乖照表操課，最愛看公佈欄上每日一句的葛印卡老師法語，那猶如給我的鼓勵與加持。清晨第一節靜坐時，聽老師的梵唱錄音，也很喜歡，再累都能撐住。課程下半段在每天三個共修時段，進一步要求紋風不動、精進禪坐一小時，最是折磨，痛到不行，但我告訴自己，這都挺不住，如何面對人世風浪呢？此時某句老師法語就會浮現，也一次次逼出深沉的淚水，一層層沖刷過往人生的種種傷痛，童養媳的冤屈、母親的暴力、學長的「侵犯」……。那「拔除手術」的感受雖無形卻真實，無法言傳的痛徹心扉後，是一分分地輕鬆開懷。

很幸運都能跟上課程進度，而且很奇妙的是，每每心中升起疑問，當晚的老師開示錄音便為我做了解答！中心氛圍又溫馨平安，讓我更加堅信，這就是我需要的！

第一次課程就在歡欣感動中圓滿完成，家人朋友都說不可思議，老公甚至懷疑那是什麼奇怪的地方，竟然讓我「脫胎換骨」。

不過，我自知轉變還只是皮毛而已，經不起長期生活考驗的。所以，沒多久又報名參加了，不管是報學員還是法工，很幸運都能如願成行。當然也要感恩老公與家人的成全支持，我深深珍惜這份至愛幸福。

總歸一句「單純忘了、全然放下」

記得第一次當法工時，在廚房服務，自我要求極高，因而畏畏縮縮，很怯場。滾刀？什麼是滾刀啊？妳不是工廠老闆娘、很會下廚嗎？課程時間那麼緊湊、又那麼多人要吃飯，絲毫不得有誤，日夜戰戰兢兢，壓力好大，我曾忍不住垂淚，還切傷了手。

法工在休息時間可以接電話，有一天我的原住民朋友來電說她載菜下山賣，其中有當季盛產的薑黃，我不假思索便請她寄一箱來中心供養學員，事後才察知，一番好意卻帶給廚房法工團隊諸多困擾。這讓我體認到，即使是無私的給予，也要站在對方立場仔細思量，不可想當然耳、自以為是。後來，資深師兄姐及助理老師們，為減輕廚房法工壓力，也避免「大廚制」衍生的工作摩擦，用心研發出標準化「無我菜單」；其它每個法工角色也都各有本「工作手冊」可參照，每天只要依「武林秘笈」操作，幾可萬無一失。這真是細緻周

到又有智慧的道場守護辦法。

我做過不少法工服務，除助理老師與報名組之外，其它法工角色「隨應而做」，都算還做得來。不管是當學員或法工，我總是一進中心便專心投入，忘了外界一切。中心就是社會與世界的濃縮版，在中心所體悟的，自然烙入心底，回家後只留「法在心中」，其餘人事物全忘了！若用「單純忘了、全然放下」一句話來說我在中心學到什麼，好像也無不可。

感恩資深師兄姐們（他們現都成為助理老師了）對我的肯定與培訓，讓我在法工服務中學習成長，在這過程中，對所謂「法的安排」漸漸有了如實的體會，懂得設身處地換位思維，體諒每個角色都有難處，同時更堅定保持「平等心」，遇事有辦法給自己騰出「三秒鐘深呼吸」。何況中心有「法的保護膜」，更有老師的慈愛加持，我相信只要心中有「法」，到哪都能有「共鳴」。

喜獲法寶當然希望分享全家人，但老公至今尚未參加，兒女雖來過，但各自感受不同，只能隨緣；因大伯關係，婆家年輕一輩都去上過課，連婆婆也上過。大伯曾對我說：「沒想到妳這般用心修行，我要向妳看齊。」大伯也一次次去上課，現在已上到三十日長課程了，真棒！

回頭來說我家「小居士」，或者更該說是我家「內觀種子」吧！我一直期盼孫子滿八歲，好帶他去上「兒童與青少年課程」。他第一次上兒少課，也是在法昇中心。他之前常和他媽

媽送我進中心，所以對環境很熟悉，也認識幾位助理老師與師兄姐，一到中心總是輕鬆自在。為護持小幼苗，我還臨時插一腳擔任法工，過程中不時內觀自己的服務中是否帶有分別私心，也是一次難得的體驗。

孩子純樸簡單，讓他們在這「法的園區」中盡情釋放潛意識或生活中的不安，對他們的身心是很有益的。小居士每次來上課後，回程都會好好睡一大覺，睡醒後，我總明顯感受到他言行舉止有所長進，比如，更懂得體恤別人，也更能選擇自己真正想要的。

不過，我看過許多家長帶孩子去上兒少課，似乎深怕孩子不聽話丟臉，而耳提面命一長串，卻忘了問孩子：會害怕嗎？面對陌生的環境與團體活動，大人都會忐忑不安了，何況是孩子？這點可能是大人特別需要注意的。

雖然台北也有辦兒少課程，但小居士似乎不大適應環境，為了讓他安心學習，我們還是遠送他到新社「阿嬤閉關的地方」上課，後來法昇中心重建暫停使用，又改帶他去嘉義臨時中心上課。

現在小居士每天出門上學前都會靜坐十分鐘，那可敬又可愛的身影，讓我想起當年他降臨人世帶給我走出谷底的力量，不禁充滿感恩之情；能有因緣在小居士心田播撒法的種子，並守護正法大樹發芽茁壯，也是阿嬤內心無上的喜悅。

日日共修落實內觀生活

黃　雲

在那還沒有網路訊息，也沒手機的民國八〇年代，有一年初春四月，不記得如何報名接洽，因緣際會踏上了人生第一次內觀旅程。

時節乍暖還寒，我從小的過敏咳嗽發作得厲害。大殿法座上的印度籍助理老師透過恒定師翻譯，微笑地詢問：「請問你有什麼感受？」一面咳嗽一面接受老師進度檢查的我，只回答：「老師，我覺得很餓。」

記不清跟老師喊了幾次餓，老師於是特准我到廚房跟法工要東西吃。到了廚房，換法工師姐傷腦筋了，在「過午不食」的課程裡，廚房沒有餘糧，最後翻找出一顆粽子，法工趕緊熱給我享用。

課程事務長每天認真地照顧我，按時讓我服藥。我每年總要咳上幾個月，看醫生打針吃藥都好不了。每天進度檢查時，我都跟老師說：「這樣咳嗽會影響別人，我想回家。」老師一貫微笑地搖頭，跟我說不用在意別人，每個人都必須自己用功。

想必老師看穿這是「五蓋」逼我逃避的伎倆，到第八天，

面對仍吵著要回家的我，老師又微笑鼓勵說我修得很好，值得繼續堅持到最後。她允許我去照鏡子（當時內觀學員沒鏡子可照），要我仔細端詳自己面相的變化。當我赫然照見鏡中人，不禁大吃一驚，「她」居然容光煥發，根本全無我所想像的愁雲慘霧！

此後我專心致志投入用功，直至課程結束。回家幾日，咳嗽逐漸痊癒，日後不再復發季節性過敏咳嗽。這是我第一次內觀的美妙「收穫」。

認識內觀已有多年，雖知正法對生活大有幫助，但礙於生活奔波疲勞與惰性，一直無法落實日常早晚靜坐，只在每到身心俱疲時，才再回到十日課程沉澱除垢，幾度課程經驗都是在身體修復上，如實感受到源源不絕的法益。後來，因新冠疫情影響課程舉辦，助理老師們慈悲開設 clubhouse 線上共修，我早晚努力跟上，雖仍難免昏沉，或偶有遲到，但總算如願切實將早晚內觀禪修帶進日常生活。

自早晚線上共修後，對於日常工作及生活中的情緒壓力，漸能如法消融，雖不是完全清除，但已顯然大有進步，這讓我由衷歡喜，也想起葛印卡老師在開示中說的，真正的法益來自早晚一小時的靜坐，也更能體會為什麼說內觀是「生活的藝術」。

除了讓心平靜下來及舒解壓力外，內觀課程教授的「慈悲觀」修練，能消解人生中的新仇舊恨，也是令我喜獲至寶的

技法。每當遇到人際摩擦衝突，當天晚上做完內觀禪修後，再針對與自己不合拍的人做慈悲觀，總能讓整個身心頓時放鬆，同時我也對往生的至親做慈悲觀，以此報答親恩。

至目前為止，平凡末學如我的內觀應用只在生活層面，並無一些修行書上說的任何玄奇境界，但僅只是在日常中保持覺知及平等心、並時時徹知無常，就已讓我的人生受用無窮。

然而，正法的價值遠勝於此。正如葛印卡老師初向烏巴慶老師請求修習內觀時，表示是為了治他令群醫束手無策的偏頭痛痼疾，烏巴慶老師曾以如此求法動機「貶低了正法的價值」為由而拒絕。身體病痛的緩解或去除，只是禪修過程中的「副產品」，完全淨化心的雜染而一步步走向解脫，才是內觀修行的正道。

記得有位師父曾說，內觀修行人明白花開時祝福它自然盛開，而花落時也接受它自然凋零，因為自然法則就是如此。

祝願更多人能走上正法之道，祝願眾生安詳快樂。

內觀舊生線上共修辦法，請掃描：
每天早上六點、八點和晚上八點，都有一小時線上共修；
每月也會不定期安排線上一日課程。

就這樣正好

內觀修行故事集

內觀舊生 著

國家圖書館出版品預行編目（CIP）資料

就這樣正好：內觀修行故事集／內觀舊生著. --
初版. -- 臺北市：正好文化事業股份有限公司，
2024.07
　面；　公分. --
ISBN 978-626-97973-1-8(平裝)
1.CST: 靈修 2.CST: 文集

192.107　　　113009854

Just right: Reflections on a Vipassana course

Copyright ©2024 by Vipassana old students
Published by Zen How Publishing Co. Ltd.
All Rights Reserved. / Printed in Taiwan.

ISBN: 978-626-97973-1-8

總 編 輯	夏瑞紅
封 面 設 計	張士勇
封面畫作、題字	張天健
行 政 編 輯	謝依君

發 行 人	梁君堯
出 版 者	正好文化事業股份有限公司
地　　址	台北市民權東路三段 106 巷 21 弄 10 號 1 樓
電　　話	(02) 2545-6688
網　　站	www.zenhow.group/book
電 子 信 箱	book@zenhow.group

總 經 銷	時報文化出版企業股份有限公司
地　　址	桃園市龜山區萬壽路二段 351 號
電　　話	(02) 2306-6842
製 版 印 刷	瑞豐實業股份有限公司
初 版 一 刷	2024 年 7 月
定　　價	400 元